杨胜丽 著

育 要慢慢来

写给青年班主任的

33

封信

浙江摄影出版社

全国百佳图书出版单位

序 教育，
一 从"慢"到"漫"

　　教育应该是什么样子的？这似乎是一个没有答案的问题。但是，在这本书中，似乎又找到了答案。小杨老师——姑且让我这么称呼她——和周周之间，从常态师生到非常态师生的共同经历，把"教育"的概念，诠释得异常清楚。

　　教育是慢的。教育是对一个人的影响，小杨老师在周周的求学之路上，用自己的方式帮助她，直至她成为一个合格而又有情怀的教师。于是，在周周的求教路上，她继续提供帮助，师生共同编织了一张浪漫的学习网。从"慢"到"漫"，这就是教育美好的样子吧。

　　读罢此书，我想说说教育真正的样子，以此来感受小杨老师和周周老师之间的教育情，也以此让更多的老师看见逼仄现实背后依旧存在的那一份美好。

　　教育，应该是一种唤醒方式。唤醒学生，也唤醒自己，在小杨老师的教育生涯中还唤醒了类似周周这样的亦生亦友的人。在周周老师纠结先教学还是先做班主任的时候，小杨老师说："一入职就'双挑'，未必是件坏事。经验证明，年轻的时候，在摸爬滚打中锻炼自己，及早积累经验教训，能促使自己迅速成长。"她甚至还说："我愿意把我的经验与教训告诉你，让你尽量少走弯路，减少新班主任的低级错误，尽量少给学校添麻烦，这是我的心愿，相信也是你的心愿。"这是一个班主任对同伴的真诚，更是前辈对后辈的在意。德国教育家第斯多惠说："教学的艺术不在于传授本领，而在善于激励、唤醒和鼓舞。"其中，关于唤醒的作用，是真正影响一个人的表现。

　　教育，应该是在传递一种情感。情感是教育的本质特征，是以积极的价值倾向和生命关怀意识的出场为标志的。所以，教育过程中，我们看见的不仅仅是方法的传递，观点的给予，更有情感的感染。情感是可以触达灵魂的工具，更是促进教育过程的有效催化剂。小杨老师对周周说："'凡是人，皆须爱，天同覆，地同载'，倘若班主任怀一颗博爱之心，借助'经典诵读'这双'隐形的翅膀'，巧妙地处理班级中出现的种种偶发事件，一定能让班级管理'忽如一夜春风来，千树万树梨花开'。"可以看出，小杨老师以自己的行动带着情感去"感染"周周老师，正是在这样的影响下，一名年轻老师逐渐成为一名合格的班主任，我们也坚信接下来周周会成为一名优秀的班主任。

教育，应该是在成就他人。教育，就是看见他人的希望，并以自己的能力来帮助和影响他人。小杨老师看见了周周的可能性，于是无比耐心地用一封封信来唤醒周周，传递情感。她说："教育，当以慈悲为怀。慈悲是一种爱，是以无我的爱去唤醒学生纯净之爱。在慈悲行中，不仅让学生看到自身的力量，获得成长的喜悦，更要深深感恩这个孩子，是他唤醒了我们内心的慈悲。此时，所有的遗憾，都是成全。"她用自己的行动告诉周周，其实，教育不仅仅是成就他人，更是成全自己。周周的回应也很诗意，她说："丽姐，长大后，我就成了你，才知道那间教室，放飞的是希望，守巢的是自己；长大后，我就成了你，才知道那块黑板，写下的是真理，擦去的是功利；长大后，我就成了你，才知道那支粉笔，画出的是彩虹，洒下的是泪滴。"两个人相互成就的美好情感跃然纸上。

也许，我们该这样界定教育：教，不仅仅为了教，更是为了传递，为了传递知识以外的内容，譬如情感，譬如品质；育，不仅仅是一种培育，更是一种期待，一种影响，一种感染；所谓教育，是人成就人的过程。

看完整本书，我看见小杨老师用"慢的艺术"成就了一段浪漫的教育旅程。在这个过程中，她们彼此理解，彼此成就，这就是教育最好的样子吧。

谨为序。

方海东

（浙江省德育特级、正高级教师）

2022 年 2 月

爱 对话 共成长

爱

2021 年 8 月，杨胜丽老师从衢州被引进到杭州江湾教育集团。记得第一次见面要更早一些，她把自己的第一本德育专著《有一种教育叫故事》送给了我，顿时，让我觉得这是一名有心、用心、专心做教育的好老师。谈话时间近一小时，从杨老师的眼神里，我找到了答案——她会来江湾，是因为教育需要同道中人同行。

第二次的交谈，已经在讨论具体工作了。我让杨老师担任学校初中部教学中心主任一职，面对一个刚刚有七至九年级的九年一贯制学校，这个担子是沉甸甸的。没想到杨老师没有一丝犹豫便欣然接受了，同时提出了自己的请求——在担任教学管理工作的同时想兼任班主任。这个要求大大出乎了我的意料，因为初中阶段升学压力比小学要大得多，而且，这么多年来，我们集团的中层管理人员还都没有过这种兼职。面对我的惊奇，杨老师告诉我，她在近 20 年的教学生涯中，每年都担任班主任，并且兼任过校办主任以及德育、科研等多个领域的管理职务。都说教育是爱的艺术，没有爱就没有教育。那天，我在杨老师身上找到教师真正的大爱——无条件地爱学生！天生喜欢学生！正如杨老师在书中写的那样："教育，当以慈悲为怀。慈悲是一种爱，是以无我的爱去唤醒学生纯净之爱。在慈悲行中，不仅让学生看到自身的力量，获得成长的喜悦，更要深深感恩这个孩子，是他唤醒了我们内心的慈悲。此时，所有的遗憾，都是成全。"

什么是真正的爱？繁体字"愛"由四部分组成。部首表示手，引申为行动；宝盖表示覆盖，引申为保护；中间为"心"，引申为用心；最后同"终"，含有从开始到结束的意思。"爱"字由"行动、呵护、心灵、永远"四个概念组成。用行动呵护心灵一直到永远，对心灵的呵护与关爱是爱的核心，其核心是"到达了没有"。

对话

道德是人们共同生活及其行为的准则和规范。我们可以采用对话的方式，构建个人和集体、自然、社会、民族、国家关系的自我调控、自我约束、自我完善的机制，也就是道德自觉，在传承中华优秀文化基因的同时，创造属于新时代的文化基因，推动社会文明进步。佐藤学提出学习是一种对话的过程，即与书本、与他人、与自我的对话。

我国道德教育讲究实践，以认知冲突为逻辑起点，通过质疑、辨析、炼制达到"悟"的境界，这种"悟"就是自我觉醒、自我习得的体现，而这个过程贯穿着对话。杨老师用对话的方式把中学生在道德认知、品格形成、习惯培养过程中的问题，以主题的形式来表达，让我们看到，原本直接、尖锐甚至有可能引发冲突的问题，在杨老师的笔下可以变得如此温情、平静而有感染力。这就是对话的力量！

共成长

对话世界，连接未来。世界是学生的教科书，一切有利于学生成长且适合学习的人类文明都是教育资源。未来是学生的考试卷，要看学生能否适应未来的挑战。同样，也要看教师能否接受未来的挑战。与学生相处就意味着和未来交往。在一起面对未来的时候，就必须要做到教师和学生共同成长。

杨老师用 33 封信来和自己的学生—— 一名新教师谈心，或者说，是杨老师把自己的德育"慢"理念融入一封封信，实现了教育的传承。这种传承，其实是在用行动告诉我们的学生、我们的孩子，老师永远和你们在一起，老师永远与你们共同成长！

是为序。

沈兴明

（原杭州市江湾教育集团总校长、浙江省正高级教师）

2022 年 2 月

目 录

第一辑
为师之路守初心

01 新教师，争取当班主任   3

02 班级公约可视化，让"常规"变"长规"   6

03 七年级：实施网格化管理，给孩子一片试飞的天空   12

04 八年级：多元化小组构建，让每一颗星星都发光   18

05 九年级：班情观察，让学生成为督促彼此进步的眼睛   28

06 中途接班，两招让学生很快喜欢上你   35

第二辑
班本活动循规律

07 班本活动，必须遵循成长规律   45

08 每日一诵，经典润泽学生心灵   48

09 每周一记，架起师生连心桥   56

10 每旬一课，打造体验式心理班会课   63

11 每月一主题，班本活动系列化   71

12 每学年一班刊，见证学生们的成长   86

第三辑
"目中有生"谓尊重

13 隔岸观火，信任是尊重的起点　　　　　　　　93

14 集体活动，尊重学生的民族风俗　　　　　　　99

15 助人无痕，尊重学生的情感需求　　　　　　　103

16 把握火候，尊重学生的情感体验　　　　　　　108

17 感恩教育，尊重学生的情感表现　　　　　　　113

18 自主发展，放手是最好的尊重　　　　　　　　119

第四辑
陪伴相随有温度

19 严中有爱，让学优生更优秀　　　　　　　　　127

20 三剂良方，让中等生能自信　　　　　　　　　131

21 巧用书信，让后进生跟上队　　　　　　　　　136

22 精准帮扶，隔代教育创特色　　　　　　　　　142

23 适时缓冲，让转学生早融入　　　　　　　　　148

24 四个意识，师师同盟有合力　　　　　　　　　154

25 共同成长，家校沟通无障碍　　　　　　　　　160

26 分享陪伴，手机离手不困难　　　　　　　　　166

第五辑
且行且慢且艺术

27 转弯艺术：转角风景别样美　　　　　　　　　　　　173

28 糖衣艺术：良药未必需要苦口　　　　　　　　　　　179

29 金牌艺术：目光所及的座位光芒　　　　　　　　　　186

30 "留白"艺术：帆只扬五分，船便安　　　　　　　　　193

31 中医艺术：效良医，伴汝行　　　　　　　　　　　　199

32 三国艺术：汲取三国智慧，打造和谐班级　　　　　　208

33 修行艺术：成长，永远是自己的事　　　　　　　　　214

致　敬

长大后，我就成了你……　　　　　　　　　　　　　222

后　记

在慢的境界中追求最好的教育　　　　　　　　　　　225

第一辑

为师之路守初心

"慢"字中的"忄"，解读为"不忘初心"吧。班主任的初心我想大抵是：我为什么要当班主任？我要打造一个怎样的班集体？我又要把这些学生带向何方？这应该算是班主任的育人目标吧。

01 新教师，
争取当班主任

周周：

　　见字如面。首先，祝贺你，十多年寒窗，终于修成正果，实现了自己的梦想。时间过得真快，依然记得，初中的第一次班会课，我们的主题是"说说你的梦想"，轮到你上台发言时，那个腼腆的姑娘，红着脸说："我长大了也想当一名老师。"你是我带过的第一届学生中的一个，今天，你即将走上三尺讲台，我真替你高兴。同时，你愿意与我交流工作中遇到的困惑，可见，尽管你初中毕业后我们联系得并不多，但咱们的师生情谊一直都在，真的非常感谢你的信任。在你新入职的关键点上，我想谈一点自己的观点与看法。

　　周周，你说，刚工作，你既想先做好学科教学，又想尝试挑战班主任岗位。文字中，我隐约能感受到你内心的矛盾和担忧。是的，你一直是个很有计划的姑娘。就像你读初二时，《特殊平行四边形》这一章你掌握得不好，暑假，你硬是自己列了张详细的计划表，按计划执行，果真初三开学后，这部分内容你完全补上了。所以，这次，如果你只担任学科教师，我相信，三年后，你一定能在学科教学岗位上站住脚。

可试想，学科教师和班主任，"鱼"和"熊掌"真的不可兼得吗？

有人说，班主任是世界上最小的主任。的确，班级管理事无巨细，班主任责任大，事务杂，正因如此，现在仍然有许多老师不愿做班主任，很多学校仍存在着"班主任荒"的现象。我不清楚你学校的情况，我无权加以评价。倘若你的学校恰好也有这种难处，作为新教师，我们更应展示自己的责任与担当；倘若学校不存在这种难处，我也确信，新教师一定要争取当班主任。

一入职就"双挑"，未必是件坏事。经验证明，年轻的时候，在摸爬滚打中锻炼自己，及早积累经验教训，能促使自己迅速成长。在与许多优秀教师的交谈中，我经常听到他们流露出这样的想法："当老师，要是不当班主任，那损失就大了。"不少优秀教师，工作岗位变换成主任、校长，仍然千方百计当班主任，例如，魏书生即使当了教育局局长，仍然不放弃他的班。

当班主任可是很能提高自己的组织、人际交往等能力的哦。班级活动是班级成长的载体。新班主任往往会组织和参与班级各项活动，从军训到春游，从艺术节到合唱队，从足球比赛到越野比赛，处处可见班主任的身影。班主任是桥梁，一头连着任课教师，一头连着家长；一头连着学校各处室，一头连着班级。这座桥梁是否畅通，班主任很重要，对于刚工作的你，是否很有挑战性？

学校交给你一个班，便给了你一片试飞的天空，我们应当心存感恩。交给你的这 40 来个学生，他们和你年龄相差不多，就像是你的弟弟妹妹。想必，他们一定很渴望借着你的双眼，看到外面的世界；想必，他们一定很渴望你能和他们分享你的学生生涯，分享你成长过程中美好的记忆碎片；想必，他们一定很渴望你就是最懂他们的知心姐姐。相信，你们之间一定有许许多多的共同语言。在这片试飞的天空中遨游，作为"孩子王"的你，陪着学生们慢慢成长，你一定能享受到别样的幸福。

若干年后，回首师途经历，遍尝酸甜苦辣咸人生五味，或许可以用白岩松的一句话来概括：痛并快乐着。我想，这种感受，也只有当过班主任才能体会，不是吗？

而我，又能为你做些什么呢？

我愿意把我的经验与教训告诉你，让你尽量少走弯路，减少新班主任的低级错误，尽量少给学校添麻烦，这是我的心愿，相信也是你的心愿啊。我会将别人的经验介绍给你，我相信对你会有用，我并不是完全靠经验为你提供帮助的，毕竟经验有其局限性，我也会尽量寻找理论依据，来给你解释疑难。理论研究成果对我们班级管理工作的作用是不可估量的，无论何时都不要忽略。不过，无论经验还是理论，都回答不了所有的班级管理问题，那么就让我们一起来探索吧。

别犹豫，相信你能行！

你的老师：杨胜丽

02 班级公约可视化，
让"常规"变"长规"

周周：

见字如面。你说，自己已经决定挑战班主任和学科教师"双肩挑"了，为师真为你高兴。电话里，你说，对于马上要面临的新生的常规教育问题，你感到束手无策，希望我能给些建议。好吧，恕我赘言。

在教育部下发的《中小学班主任工作规定》第三章中明确指出，班主任要"认真做好班级的日常管理工作，维护班级良好秩序，培养学生的规则意识、责任意识和集体荣誉感"。可见，培养学生的规则意识是班主任的职责所在。在长期的实践中，我坚持班级公约可视化，让班级常规变得看得见、记得住、办得到，从而成为学生能够长久遵守的规定。

一、班级公约顺口溜，签名宣誓墙上贴

班级管理的首要任务是引导学生认识、了解班级，使之融入班级。

我们现在所处的时代是信息技术飞速发展的时代，知识量剧增，视野空前扩展，七年级学生已经开始形成独立的个性，有自己的见解。在实践中若能让学生自己制定规则，不但能增强学生的主人翁意识，还能使学生了解自己及他人对班级的关注程度，增强学生参与班级管理的意识，培养学生的分析能力和概括能力。让规则时时在学生的心中，由他律转变为自律。自己制定规则自己来遵守，能培养学生的自我控制能力及自我反思习惯。

基于此，我常和学生一起讨论，发现班级从早读到放学期间存在的种种问题，请他们自己说说应该怎么做，然后把他们的话记录下来，再一起将这些话编成简短的顺口溜，便于记忆。这就是我们共同的约定，我们把它叫作"班级公约"。班级公约制定好，全班举手表决通过后，打印出来，每个同学在讲台前宣誓遵守班级公约，并签上自己的名字。

早读：一日之计在于晨，早上读书坐端正，听清要求声音响，不下座位不聊天。

两操：听指令，做到位，不讲话，不乱动；上下楼梯靠右行，排整齐，不推搡，不拥挤。

上课：课前准备要做好，头正肩平脚踏实，不开小差不讲话，专心听讲勤动脑，他人讲话不插嘴，如有问题先举手。

下课：不打不闹不乱跑，不吃零食不带钱，文明礼貌记心间。

吃饭：吃饭时候不讲话，小口小口不浪费，排队有序不拥挤，餐具整齐要轻放，吃完不忘擦桌椅。

公物：爱护公物记心间，卫生工具摆整齐。

卫生：饭前便后勤洗手，垃圾纸屑不乱扔，个人卫生要注意，校服领巾要整洁。

待人：见了老师问声好，同学相处要和睦，不争吵来不打架，若有矛盾找老师。

作业：每天作业要记牢，先做作业后玩耍，独立完成不抄袭，字写清楚不乱画，认真检查放书包，按时上交不拖欠。

放学：东西桌椅整理好，队伍整齐不乱跑。

我承诺遵守班级公约。承诺人（全班签名）：＿＿＿＿＿＿＿＿＿＿＿

二、一周落实一公约，手机拍照促"短板"

班级公约制定出来了，贴到墙上了，并不是就万事大吉了。关键是要让学生记在心里，付诸实际行动。习惯的养成是一个漫长的过程，学生的自我约束力不强，在习惯的形成过程中，容易出现反复、敷衍、放任等现象。督促学生养成习惯，除了要有耐心，更重要的是要讲方法。

每天让每个学生对着那么多条班级公约去做，几乎是不可能完成的。所以，班级公约制定之初，我首先在每天上课前抽出几分钟让学生大声朗读，通过一遍遍的重复让学生形成心理暗示，然后告诉他们每周我们只需要做好一条。即使这样，还是有学生会忘记。怎么去提醒呢？用照片来说话。

图片给人的视觉冲击远远大于文字。约定好每周要遵守的公约后，每天都要及时给学生反馈他们履行公约的情况。比如这一周我们要遵守早读的公约，早读前及早读过程中，我随时会拿起手机拍照，然后早读下课后及时跟学生交流。我常跟学生讲"水桶效应",也就是一个水桶能盛多少水,并不取决于最长的那块木板,而是取决于最短的那块。一个班级就是一个水桶,每个学生都是其中的一块木板。我会跟学生讲:"我们共同的目标就是多装水,所以,谁是出现在照片中的短板,谁就要时刻提醒自己。如果你身边的同学是那块短板,你也要及时提醒。只有大家劲往一处使,这个水桶才能装越来越多的水。"

三、电子班牌表扬栏,实时更新建自信

对学生做得不好的地方要及时通过照片提醒,而做得好的地方也需要及时表扬。尤其是前面提到的那些"短板",他们更渴望得到正面的评价。

汪国真曾写下这样一句诗:"到远方去,到远方去,熟悉的地方没有景色。"其实并不是熟悉的地方没有景色,而是我们看习惯了或者要求太高。这就好像我们看学生,十全十美的学生难找,但从每个孩子身上找一两处闪光点还是不难的。每个人都有优点和缺点,如果我们能不用放大镜看学生的缺点,而是拿起显微镜找他的优点,每个孩子都能成为独特的风景。

一个学生的闪光点,可能在课堂上,也可能在课堂外,可能在学校,也可能在校外。这就需要老师有一双会发现的眼睛。课堂上,可能这个学生课前准备做得好,可能那个学生举手积极;下课了,可能这个学生不跟别人追逐打闹,可能那个学生主动帮助同学。在学校,可能这个孩子会弯腰捡起地上的一张纸;在家里,可能那个孩子每天都及时完成作业。

老师不可能每时每刻盯着每一个学生,但是我们可以跟其他老师交

流，发现你没发现的，也可以从学生的言语或日记中去捕捉你没看到的。培根说："欣赏者心中有朝霞、露珠和常年盛开的花朵。"我们努力把自己和周围的人都变成"欣赏者"，班级的氛围就越来越好了。

那么我们找到学生的闪光点后要做什么呢？教室门口的电子班牌就起到作用了。学生下课很喜欢围着电子班牌看，于是，我就把自己看到的，或者是从其他渠道获知的学生遵守班级公约的事，及时通过手机发送到电子班牌上。把学生完成的事情展示出来，给他们一种"我做得到"的自信。让学生亲眼看到自己的同学完成的事被展示出来，从而暗示他们："别人可以做到，我也可以。"这样的自信被一次次激发出来，而不只是每天喊喊口号。每个学生都知道，只要肯努力有行动，就会出现好的结果。相信自己做得到，看见自己做到了，这样的自我反馈在每个学生心中都起到了积极的作用。

四、善用微信和钉钉，家校联动效果显

激励是管理艺术的核心艺术。一个人只要不失去求胜的信念，总有一天会越过挫折和失败。有人说，教育的第一个名字叫"影响"，教育的第二个名字叫"激励"。表扬一个小优点，可能催生一个大优点。激励能促使学生向身边的榜样看齐，学习，追赶。

发现榜样，及时表扬，就是每天给学生的心灵注入一股榜样的力量。

对于在校表现良好的学生，一对一通过微信或钉钉反馈给学生家长，这一方面可以让家长看到老师是关心孩子的，另一方面可以在家长的再

一次表扬下，强化学生的行为习惯养成。学生集体表现良好或者有进步的，在微信群或钉钉群公开表扬，最好是图片加文字，再把家长的反馈及时传达给学生，让他们知道原来自己在学校的表现家长是看得到的。这样家长就成为孩子在校行为的有力督促者。

还可以在钉钉群召开视频家长会，并提前告知家长需要配合的事情，让学生的习惯养成有一个持续性。规则不仅仅是在学校要遵守的，在家里也同样要遵守，比如收拾整理好自己的书桌，及时认真完成作业，等等。在家养成了习惯，在集体中也更容易养成习惯。

周周，冰冻三尺，非一日之寒；滴水石穿，非一日之功。班级常规要真正落到实处，让每个学生都自觉去遵守，并不是靠一两天的说教、强调就能够做到的。唯有让"常规"变成"长规"，这些常规才能长久引导班级走入良性循环，才能让学生融入班级，才能让班级变成良好的班集体。

希望我的赘述能对你有所帮助。

你的老师：杨胜丽

03 七年级：实施网格化管理，给孩子一片试飞的天空

周周：

见字如面。你说，你憧憬着让自己所带的班级能成为学生温馨的家园，让每个学生都能在爱的怀抱里学习和生活，让每个学生都能在优良班集体的庇护下健康地成长。然而，满腔的热情并没有在开学初创造令人满意的成绩：课堂上总会有那么几个学生不知轻重地搭话，部分学生的家庭作业本总不能在上午第一节课前上交，教室内的卫生保洁工作总需要提醒后才能完成，班级在学校三项竞赛中被频频扣分，只有在班主任视野之内学生才会有意识地收敛……就这样，你每天为这些事务奔波，总觉得有三头六臂也不够自己来处理这些琐事，却还是不见这个集体有多少长进。

周周，别急，让我们一起在不断反思和实践中探索出有助于优良班集体建设的管理模式吧。通过不断地尝试、总结、反思、更新，我也形

成了一整套班集体网格化管理模式。在教育教学实践中，我深感网格化管理模式对于建设优良班集体的确是一种行之有效的方法。下面，我就详细介绍一下吧。

班集体网格化管理模式是指将班集体按岗位划分成若干网格单元，通过对各网格单元的管理和协调，实现网格单元之间有效的信息交流与反馈，最终规范和加强班集体建设的自动化管理。

一、构建网格化管理模式，划分网格化管理单元

1. 班级情况分析

我们班（2018 年 9 月入学）由 22 个男生和 26 个女生组成，他们分别来自区内多所小学。开学初期，48 个学生风雨同舟，经历了军训、期中测评和校体育科艺节等集体活动，在活动中逐渐增强了凝聚力，班集体初具雏形。班级的规范标准参照《中学生守则》《中学生日常行为规范》，班干部名单主要是根据学生的小学学籍档案、初中入学考试成绩以及军训中教官和班主任对学生的观察和评价而产生，班级的管理模式基本是班主任管理、班干部协助管理。除了课堂时间，大部分课余时间班主任均下班辅导，可谓是典型的保姆式管理，从学生的校牌佩戴、课间行为、课堂纪律、教学参与、课后作业、值日打扫到到校、离校无一不过问。脑子里、本子上记录的全是这些琐事，却总有遗漏的地方，班级总体来说还是比较松散。学生如"算盘珠"一样，拨了才动，缺乏积极性、主

动性和创造性。

2.建立网格化管理模式

通过对实际问题的反思和分析,我决定,首先要充分调动每一个学生的积极性,使孩子们由被动接受管教变成主动参与管理,人人参与管理,人人做班级的主人,做自己的主人,建立以班主任为主导、班干部为主干、学生为主体的网络。

(1)划分网格。将48个学生按座位划分为4个大组,每个大组再分为3个四人小组。班委制订学期计划和各学月计划,班长和值周班长细化和落实周计划,值日班长执行每日计划,分配任务到4个大组,4个大组组长再落实到12个四人小组组长,班主任确保任务的落实和及时评价反馈。按照这样的体系将班级48个个体划分成12个小网格,并组成4个大网格,网格形成动态的竞争体系。

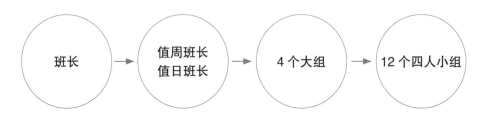

班长 → 值周班长 值日班长 → 4个大组 → 12个四人小组

在网格化班级管理模式的结构中,班主任犹如处在宝塔的塔尖,起着担纲作用,学生分置在这个整体管理网络的第一、二、三层中。它的实质是:班主任充分调动每一个学生的积极性,使孩子们由被动接受管教变成主动参与管理,由此使学生之间形成一种相互影响和管理的动态网络，在这个网络里，每个学生的位置、角色在不断变化着。

（2）建立网格管理准则。通过班内同学的讨论，根据本班当前出现的问题，制定能约束和规范本班学生行为的共同准则——班级公约。班级公约以学生各方面行为规范的养成和人文素养的提高为出发点，包括学习、体育、卫生、公物、文明、课堂、作业、礼仪、仪表等内容。

（3）落实网格管理评价。通过评价量化网格管理，学生能感觉到并看得到他们的努力和进步，从而增强主动性和参与性。首先，以学校三项竞赛为例，同样在班级当中开展学习、纪律、卫生方面的竞赛，分别以日赛、周赛、月赛、期中赛和学期赛的形式开展。这"五赛"很大程度上提高了学生参与自我管理的积极性，尤其是激发了优秀生的竞争。为了全面加强全体学生的自我提升意识，在班级中开设班级积分超市。这样，即使是原先积分较低、夺优无望的学生也会为了自己的积分能换取更多的礼物和特殊的优待而努力参与管理，不断规范自我品行，为创造所在网格的优异成绩发愤图强。一个学月下来，我看到学生参与自我管理和网格建设的热情高涨，有为了在新年换取一份心仪的礼物而努力赚取积分的，有为了争取学月规范生的荣誉而积极进取的，也有为了在家长会上能收到一张表扬贺卡而努力的……

二、落实网格单元管理

为了让网格化管理切实可行，我引导学生反思班级实际存在的问题，发现现阶段最严重的问题是：1.部分学生漏交某个学科的作业本；2.课堂内学生主动参与的积极性不高,偶有讲空话现象;3.值日保洁不到位;4.课间通风不及时,喧哗声大。将这些易发生的问题列为近期需特别关注的行为,并设计管理评价表进行落实。针对可能在管理中突发的问题行为,特别设计了机动栏,这样增加了管理评价表的灵活性和实用性。12个以四人小组为单位的网格单元采用了循环监督的管理模式,如:A单元→B单元→C单元……→L单元→A单元。实践中,循环监督的管理模式使得管理更具公正性和客观性。

在网格化班级管理的实践中,每个网格单元都根据其中个体的特色和出现的实际问题提出了可行的实施措施。在网格化班级管理的实践中,班级力求发挥每个学生的主动性和潜能;力求培养学生的集体意识和自主性,使大多数学生的个性在集体互动中得到充分的体现;力求强化学生自我管理、自我服务、行为自律的意识;力求培养学生自我管理的能力;力求发挥民主管理班级的作用,使自我管理引导系统化。

周周,通过近两年对网格化管理模式的研究和探索,我发现班级基本形成了健康向上的集体舆论导向,学生网格竞争意识和自我管理意识明显加强,有一定的自律性。12个四人小组能严格进行相互间的循环监督管理,并对网格单元进行客观公正的评价。班级的管理逐步常规化,班级公约已经初步具备严肃性和约束性,班级积分超市激发了各个层次的学生自我管理的积极性,尤其是中等生和后进生的积极性和主动性。班级内出现了可喜的变化,比如:班级学生除偶尔有个别学生以外,均可在规定时间内及时上交每门学科的作业本;保洁工作明显改善,学生一天中能先后打扫卫生 5 次，自觉保持教室整洁；有专人负责解决教室通风问题；我不在时，班干部也能及时组织和管理好班内事务。

　　周周，不妨，你也试试吧。

你的老师：杨胜丽

附　网格单元管理评价表

组	作业		课堂		卫生保洁	课间纪律	机动栏	一日评价
	上交 / 质量		纪律 / 举手					
	各科作业本		一日课程					
★								
小组一周目标：								
小组一周小结：								

04 八年级：多元化小组构建，让每一颗星星都发光

周周：

见字如面。你说，开始带八年级了，你想在七年级的四人网格化管理的基础上，进一步优化运行小组合作学习模式，但总担心学生的参与意识不能很好地得到调动。如何有效地让学生做到自我管理，你说，想听听我的建议。周周，我们学校这几年也在开展小组合作，但在实践中，也有老师反映，合作小组虽建立了，但小组合作学习中的凝聚力不够，不能形成最大合力。有时，学优生"吃饱"了，而大多中等生、后进生却只担当了看客的角色，在沉默中丧失了学习的机会，失去了学习的兴趣，也丧失了学习的信心。

具体来说，如果把学习合作小组比作一辆小车，组员就是车夫，每一个组员的表现将直接影响小组合作学习的效果。

$F_合 < F_1 + F_2 + F_3$（各个力的方向不一致）

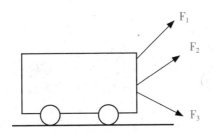

组长和组员都你顾你的，我管我的，大家不参与合作或应付合作，小组合作名存实亡。导致这种凝聚力不强的原因主要是小组成员缺乏合作意识以及教师平时过分强调个体竞争等。

$$F_合 = F_1 + F_2 + 0 \, (F_3 = 0)$$

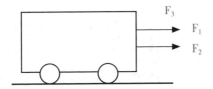

大多数组员都能配合，共同完成学习任务，可一两个组员不参与小组活动甚至捣乱，于是出现"乱组乱课"现象，使得学习的"合力"减小，整个组的学习成绩不理想。

那么，如何有效构建小组，增强合作小组的凝聚力呢？

一、启发诱导——明白小组合作学习的重要性

大部分学生在进入中学后认识事物的能力便明显得到了提升，但他们对陌生事物的最初意识，往往还不能通过自己的观察自主建立起来，许多时候还得依赖他人的启发诱导。

如，我曾开设过一堂班会课——"手拉手，我们来合作"，活动过程见下表:

过程	活动内容	设计意图
心灵启迪	小游戏:折筷子。	通过学生喜欢的小游戏，对比个人与集体力量的不同，进而让学生意识到合作力量大。
心灵透析	观看三个和尚的 flash 动画，思考三个和尚没水喝的原因。	借助多媒体等现代教育手段，激发学生探究影响合作的不利因素以及明白相互信任、谦让、配合、分工是合作的法宝。
心路历程	回忆自己成功的合作经历。	借助学生原有认知结构中的合作情境，让学生冷静地观察审视合作的各方面因素，拓展对合作的理解与认知，分享与汇总有关合作的积极应对方式，进而引导学生领悟积极参与合作的重要性，引导学生从一个不善于合作的人转变为一个受人欢迎的、善于合作的人。
心语心愿	把对于合作的深刻感受写在课前发的书签上，写好后大声读出来，并说说这么写的原因。	让学生明白在实际生活中要懂得处处与人合作，学会宽容、理解、退让等。通过这一独立发现的过程，学生可将其内化为自己的行动准则。

通过本次班会，学生建立了"合作"和"合作学习"的初步意识，在思想上明白了合作学习的意义，在行动上学会了如何合作。有了这些前提，小组合作中的分散力就少了。

二、个性小组——让分散力凝聚起来形成最大合力

心理学研究表明，每个人都害怕孤独和寂寞，希望自己归属于某一个或多个群体，这样可以从中得到温暖，获得帮助和爱，从而消除或减少孤独和寂寞感，获得安全感。因此，我们让每个小组都形成自己的特色，都有自己的活动，让每个成员产生如家般的归属感，真正把大家凝聚在一起。

1. 小组命名

班里第 3 小组的周某写道："杨老师，我们可不可以给自己的小组取一个大家喜欢的组名？"我欣然答应这一提议，并及时嘱咐他们小组完成取名方案。下午他们就做好了方案：星期二傍晚发动每个组员取一个组名→星期三中午小组成员投票表决→星期三傍晚班长汇总→星期四班主任确定每个小组的组名。星期四下午作业整理课安排各小组展示组名，结果每个小组不但展示了组名，还喊出了小组口号。

> 第 1 小组：雄鹰小组。口号：雄鹰雄鹰，勇争第一！
> 第 2 小组：阳光小组。口号：阳光伙伴，伙伴阳光！
> 第 3 小组：雏鹰小组。口号：迎风飞翔，逆境成长！
> 第 4 小组：智慧小组。口号：拥有智慧，拥有成功！
> 第 5 小组：追梦小组。口号：把握现在，追寻梦想！
> 第 6 小组：先锋小组。口号：先锋先锋，永远先锋！

小组的命名由小组成员决定，小组的口号代表小组的心声，凝聚着

小组全体成员的智慧，让所有成员都产生归属感，喜欢自己的小组，小组的凝聚力就大了。

2. 小组空间

我们把学生喜欢的"QQ 空间"搬到了教室里。"小班"以后，教室的空间更为宽敞，我们在教室里放了四块小黑板，它们分别属于 12 个小组的交流空间。组员在空间中有用真名的，有用昵称的，五花八门。一次，"百灵鸟"在空间里写道："数学考砸了，郁闷！"短短几个字，同小组的同学都给了回复，一朵鲜花、一杯咖啡，一句安慰、一句开导，数学老师更是跟帖，从多角度帮"百灵鸟"分析考砸的原因。"百灵鸟"对老师和同学的评论做出了简洁的回复，是一张笑脸和四个字——谢谢，加油！在小组"QQ 空间"还经常能看到"××,对不起！""没关系！""今天我把圆规忘家里了，谁有多余的圆规，可以借我吗？"等对组员道歉、感谢和求助的信息。

小组空间让大家多了一种交流的途径，丰富了小组生活，增进了彼此间的情感交流，凝聚力自然也就增强了。

3. 小组黑板报

学校每个月要求出两期相关主题的黑板报，上学期的黑板报都是由班里 5 个"能手"组成的宣传小组来完成。有一次，智慧小组的王某提议黑板报由每个小组轮流出，并说明了理由：宣传小组成员来自不同的小组，当他们出黑板报时，很多小组由于组员不齐，不能开展一些课外活动；另外，黑板报总是由宣传小组 5 个人出，其他同学失去了锻炼的机会，如果每个小组轮流，每个人都有参与的机会。我开始有些顾虑，担心黑板报质量问题。后来同任课老师交流，他们认为黑板报不一定要出得多么好，只要大家用心去完成，获不获奖不要太计较，说不定学生们积极性高，认认真真去做这件事情，反而能做得很好。我听从了他们的建议并大胆进行了尝试，每次宣传委员接到校团委通知，就把任务直接交给小组长。组员根据主题独立完成设计，画出草图，汇总共同讨论的意见后定稿。任务安排遵循人人参与、各尽其才的原则。如阳光小组是这样安排的：施某和任某字写得不好就负责擦黑板、涂颜色，王某字写得不错就负责写字，何某和赵某画画不错就负责画图、排版。5 期轮下来，结果还真让人满意。小组成员在共同完成黑板报的过程中相互合作，共同进步，增强了小组的凝聚力。

积极建设个性化小组，让每一个成员对小组有家一般的归属感。平常的各项班级工作多以小组为单位进行，让成员们时时感知小组的存在，从而处处为小组着想，使小组凝聚力最大化，小组中常见的由于凝聚力不强而导致的小组合作学习低效的问题得到解决。

三、特殊小组——消除反作用力和无法用力的现象

面对一些"特殊学生"，我尝试了设立特殊小组的方法。具体实施如下：

1. 积极引导：充分考虑到弱势学生的自尊心和积极性，在组建特殊小组之前，我找他们一个个面谈，分析他们的现状，以及告知他们同组成员对他们的看法，更重要的是从个人学业成长方面对他们提一些希望，让他们明白这样的状态不利于他们自己的成长。

2. 设置组名：如雏鹰小组。

3. 设置地点：靠近多媒体设备的区域。该位置离投影和黑板近，教师也方便及时观察小组动态和引导。

4. 组员类型：第一类是行为习惯差的学生，第二类是学习能力弱而行为习惯很好的学生，第三类是任课教师。

5. 流动机制：普通组和特殊组的成员是流动的，每2周流动一次。流动程序：个人提出书面申请→普通小组讨论是否同意加入→班委讨论→任课教师讨论→班主任决定。

6. 小组待遇：在小组合作学习中，任课教师更多是以成员的身份参与进去，一是监督，二是引导。另外，采用小组结对的形式帮助小组完成学习任务。普通组每周的位置顺时针挪动，特殊组左侧的普通组为其本周结对小组。

特殊小组的建立使普通小组中的反作用力以及无法用力的现象少了，从而使小组的凝聚力更强，小组的合作学习更有效。同时，特殊学生在特殊小组中受到教师更多的引导和监督，各方面进步也很大。

周周，和谐的师生、生生关系的基础是科学的、多元化的小组的构建，当学生在团体中感受到成功的喜悦、感受到群体的力量时，一支有较强凝聚力和战斗力的班集体队伍便形成了。

周周，这些是否给了你新的启发呢？

你的老师：杨胜丽

附一 807 班自主合作学习小组竞争细则

1.每课每人次回答问题得 3 分，累计给分。但每节课个人最多只能得 6 分，组长要力求每个同学都有回答问题的机会。

2.每天每人次作业未交扣 5 分，组长有责任帮助组员按时认真完成作业。

3.英语、语文的听写、默写未达到目标，按每人次扣 5 分累计。

4.每周向老师请教问题的同学按每人次得 3 分累计，但单日不超过 15 分。

5.各组之间互相督促，发现有抄袭作业情况，经查实被举报组扣 10 分，上不封顶。

6.除不参加晚自修的同学以外，小组成员未能按时参加早读，每人次扣 5 分，不参加晚自修的同学及时参加并认真早读每次加 5 分。

7.在餐厅就餐时，随意乱扔剩菜饭，经值日同学指认，按每人次 10 分扣组内分数。

8.在教室、包干区乱扔垃圾的同学，经值日同学举报，按每人次 5 分扣除。

9.有重大违纪行为（包括逃课、妨碍上课、寝室违纪）的，每次扣除相关责任人小组 20 分。

10.参加学校举行的重大考试奖励机制：年级前 10 名——60 分；年级前 20

名——50分；年级前30名——40分；年级前50名——30分；年级前80名——25分；年级前100名——20分；其他的每进步1名得1分。每次月考团体总分从高到低分别奖励70、50、40、30、20、10分。

11.参加黑板报、手抄报、运动会等集体活动，参加者加5分，得奖者再加5分，其他为班级争得荣誉的由老师确定加5—20分。

12.老师点名表扬或批评按次加或减5分，和老师顶嘴扣20分。自修课不能聊天，不能离开座位，被值日班长点名批评的扣10分。上课睡觉每次扣10分。其他违纪行为由老师确定扣5—20分。

13.学校检查被扣分的，按10倍分数扣除责任人小组分数，寝室违纪需另行处理。

每周一统计，对分数排第一名的小组给予物质和精神鼓励，排名末位的小组周五放学后留下为创造班级整洁环境服务。（其中，物质奖励资金来源于班级勤工俭学资金。）

附二 807班各小组合作竞争每日统计表 第 周

组别	组长	周日	周一	周二	周三	周四	周五	本周统计	名次

附三　807班各小组合作竞争一览表　第　　周

组别	组员	周日						周一						周二						周三						周四						周五						总计1	总计2	名次
		语	数	英	科	社	其 合计	语	数	英	科	社	其 合计	语	数	英	科	社	其 合计	语	数	英	科	社	其 合计	语	数	英	科	社	其 合计	语	数	英	科	社	其 合计			

05 九年级：班情观察，让学生成为督促彼此进步的眼睛

周周：

见字如面。你说，看到有班级自筹班费在教室里装了监控摄像头，老师和家长可通过监控摄像头查看孩子在教室里的一举一动，你也想试试。周周，这样的做法，我不赞同。

安装监控摄像头，初衷无非是更好地履行教育管理职责，实时监控每个孩子在教室里的言行举止，及时发现有碍教学秩序的行为。然而，科技改变的是家长、老师和孩子的沟通方式，不变的应该是孩子健康成长的共同愿景。教育的目的是教育学生怎样学习，在被监视的环境下成长，相信孩子们内心滋长的要么是麻木的顺从，要么是逃离的渴望。如果将教育简单地理解为看守，培养出一个没有独立人格的人，也有违教育的初心。

那么，教育实践中如何选择合适的观察方法对学生和班级情况进行观察，并且让信息的获得更为简单、及时、真实和全面，成为许多班主

任在工作过程中的一大教育痛点。为了解决这个问题,我也做了许多尝试。

一、班主任保姆式陪伴

这是最"立竿见影"的及时观察学生、了解班情的方法。班主任无处不在会让孩子更加安心,很短的时间里班级就能变得井然有序。但是换个角度想,这只是将监控摄像头换成了人眼,也是对班主任的时间绑架。孩子真的因为我们的存在而改变了吗? 变成了我们的教育渴望塑造的灵魂和生命了吗?

教育的意义在于唤醒学生心中最美好的自己。短期尝试之后虽然体会到了班级纪律、卫生、文明等各方面的进步,但是每当班主任不在班级"坐镇"的时候,班级原有的不好现象依然有着极大的反弹可能。班主任威严笼罩下的虚假的美好并不能掩盖问题没有得到根本解决这一事实。

保姆式的陪伴只能隐藏班级和学生的问题。没有发现,就无法解决,重新塑造就更加无从谈起。保姆式陪伴的工作方式也是对班主任精力和时间的强制消耗。

于是,我开始了班情观察的第二次尝试。

二、实行班级观察员制度

观察员由学生选举产生或者班主任直接任命。既然是观察员,那就是说在一定的时间内,这些同学要仔细地观察班级当中存在的这样那样好的或不好的问题,之后形成一定的书面报告。

当然，观察员的选择是很重要的，而且一定要有一个在众人当中起领导作用的同学，这样方便管理。观察员制度的积极意义在于，会让学生感觉到自己是班级的主人，自己在班级工作当中有发言权，这会让他们产生一种归属感。同时，通过这一制度，一些老师看不到的现象，学生能够看到并报告给老师，这也有利于老师对班级的了解。

日报表		周报表		
日期	违纪名单	违纪人	时间	原因
周一				
周二				
周三				
周四				
周五				

以上两表是在实施班级观察员制度时针对纪律问题的信息采集表，由各位观察员填写，由组长汇总、汇报。制度的执行也给班级带来了很大的变化，大大解放了班主任，使他们有更多的精力投身教学等其他的工作，即使班主任不能做到时时刻刻陪伴，班情依然稳定可控。

但是，观察员制度的慢慢推进又带来了新的烦恼：观察员团队似乎变成了班级的"锦衣卫"。有一些观察员"拥权自重""结党营私"，偏帮偏护；也有一些普通学生讨好巴结，甚至"贿赂"观察员，使得制度的公正性遇到了很大的挑战。

我立即采取措施，对观察员队伍进行了调整，以上问题有所改善。

但是继续执行一段时间之后，班级内部出现了一些对观察员的排斥现象，甚至有谩骂等报复行为。我专门召开了主题班会，与个别同学谈话，等等，但仍然没有从根本上解决问题。观察员们也承受了不小的精神压力。一些原本刚正不阿的同学慢慢地屈服于残酷的现实，开始退让妥协。

经过不断地思考，我接下来又开始尝试第三种措施。

三、班情观察表制度——让每一个学生都成为观察彼此的眼睛

在我的设计里，班情观察表应该是一个筐，里面装的是班主任观察学生、影响学生的育人目标。每一个人都对自己、他人、寝室、学习小组、班级进行观察和思考。班情观察表每天由学生完成，班主任进行反馈与评价。下表即为班情观察表的内容设置：

照顾自己 关心他人	未按时就餐 学生名单		情绪不佳 学生名单	
	锻炼不积极 学生名单		生病学生 名单	
自主管理 自主学习 自我唤醒	课间喧哗打闹 影响他人的学 生名单		仍未做到 "进班即 静"的学 生名单	
	自习课学情自 我评价	（任务明确，纪律严明，专注高效，自我提高）		

（续表）

野心 竞争 成长 共赢	一对一PK情况（比结果，更比过程）	自己： 对手：			
	团队PK情况	（用团队力量助推个人成长）			
寝室是我家 完美靠大家	寝室情况	扣分	责任人：	违禁物品情况	
		其他情况：			
追求完美会 让你的团队 更强大	四人小组				
	班情观察				
发现美与发 现缺陷同样 伟大	个人情况：				

这份表格基本实现了对班级多维度信息的获取，具有信息全面、及时有效的优点，它不只具备单一的信息获取功能，还有自我发现、自我激励的育人功能。

获得的信息内容一共有六个部分：

人文关怀部分：照顾自己，关心他人。

及时获取班级学生的身体健康状况、心理动态等信息，第一时间给予帮助和关怀。

教育常规部分（主要是纪律）：自主管理、自主学习、自我唤醒。

原有的班级观察员制度全面推广，每一个同学都有评价他人的权利，同样也需要接受他人的评价。

竞争意识养成教育部分：野心、竞争、成长、共赢。

充分利用教育的共生效应，促使学生去观察对手，由对优秀对手的观察到模仿，由模仿到对优秀学生的倒逼，最终达到共赢。

寝室观察部分：寝室是我家，完美靠大家。

团队建设部分：追求完美会让你的团队更强大。

自我剖析与小结部分：发现美与发现缺陷同样伟大。

班情观察表的功能也有多个维度：

自我发现：借由每日的自我评价引起自我思考，发现自己的问题。

自我激励：通过竞争意识的培养和激发，通过对自己和竞争对手的观察，形成对自己的一种激励。

自我欣赏：发现自己的优点与进步，为自己的成长历程增加更多的成功情绪体验。

自我唤醒：由班主任高压、班干部监管转变成自我提醒、自我管理；既发现别人的不足，也努力弥补别人发现的自己的不足；唤醒自己，努力成为自己心中、别人眼中优秀的人。

自我评价：学会评价别人，评价对手，也学会评价自己和团队。学会评价是批判精神、唯物精神萌芽的表现，从学生的视角去分享交流也更容易引起同龄人的共鸣。

发现问题比解决问题更重要。周周，借由人人都是观察员的班情观察表制度，及时评价反馈，让学生成为彼此观察的眼睛，让这样的观察更平等、及时，不错过最美好的教育契机，及时捕捉班级的正能量，发现孩子们的缺陷和美好。

让我们心怀美好的教育憧憬，让孩子自己感受到成长的动力，让孩子因发现美好而自我成长，让孩子因发现不足而自我鞭策；让班级形成正能量的班风，变成一个健康向上的熔炉，淬炼出更多具有独立人格、自我意识的鲜活生命。

你的老师：杨胜丽

06 中途接班，
两招让学生很快喜欢上你

周周：

　　见字如面。恭喜你喜得千金，看到宝宝粉嘟嘟的萌样，我的心都化了，看来，又是一个骗我生二宝的主。

　　周周，你说，学校让你产假回来后接王老师的班，而很多老师有自己的小心思，以孩子小、精力不足等理由来推托。好在，你能欣然接受，字里行间我也没有读到你的负面情绪。你积极寻求帮助以尽快地建立良好的师生关系，真心为你的顾全大局点赞。我认识王老师也很多年了，他是位特别负责任的老师，他的病情我前些天也听说了，祝愿他能早日康复。

　　学期中途接班，充满着挑战。那年，我刚调到新学校，三周后也临时去接了班。"后妈"难当，首因效应很重要。如何给学生留下好的第一印象，为后续的班级工作打下良好基础呢？下面分享两则我的育人手记，希望能引发你一些新的思考。

No.1　邂逅：我好像有点喜欢他们

　　我是个惧怕改变的人，就像我能在一所乡镇初中一待就是18年，很多人都觉得不可思议，或许认为还能称得上优秀的我，早就应该进城了吧。不过，在我不惑之年，就在开学前几天，8月27日下午，我接到了区教育局的调令，去了新学校。那一刻，意味着我即将开启教学生涯的后半场。思绪万千，我写下了下面这段文字，姑且称为感言吧。

人生

就是一场旅行

在正确的时间

遇见

之后　离别

又邂逅

一群有趣的灵魂

就像我

遇见了廿中

18年的相守

终有一别

我之于廿中

只是匆匆过客

廿中之于我　却是

挥之不去的记忆……

祝福

又像我

有了新的遇见

开启
人生的下半场
你好

　　原以为，这之后的教学生涯，更多的时间属于我自己，属于心理课堂、个案咨询。毕竟，再也不用当班主任了，不用教数学了，应该会空闲许多。这种生活状态是我很长时间梦寐以求的，我可以静下心做些自己感兴趣的事，好好在初中心理健康教育这一新兴领域钻研。

　　原以为，我会很快地进入新的工作状态，可没想到，每天早上来校后，望着空荡荡的心理教室和仅有我一人的心理辅导中心，心里居然有那么一丝伤感——或许耳边少了往日孩子们的嬉闹声，或许我早已习惯了17年的忙碌的班主任生活。

　　就在这时，我的生活中闯入了你们，我可爱的孩子们……

　　9月24日，这个看似平淡无奇的日子，中午，领导找到我，开门见山地说，学校有位数学老师因为女儿出车祸请假了，校务会再三考虑后觉得我是顶上去的最合适的人选，希望心理课暂时停一停。我这人向来不懂拒绝，领导既然找到我，一定是他们认为我是最佳的人选了，更何况，此时的我，还真有些怀念曾经的班主任时光呢。我欣然接过了这个班，开始了我们的故事。

　　领导领着我去了教室，我顿时有种"丑媳妇要见公婆"的感觉。中午，教室里没有老师，经过班门口，阵阵喧闹声给了我一个"下马威"：这些熊孩子，可不是省油的灯。进教室后，我发现桌上散乱地放着一堆学校的值周扣分单，约莫有20来张（后来我数了数，一共是24张）。领导向同学们介绍，这是他们的新班主任和数学老师。教室里，有学生叽叽喳喳地说："是第四个数学老师了。"然后，又是一阵哄堂大笑："还是第五个班主任呢。"原来，原班主任家里出事后，谁也没料到事情会如此严重，三周来，班主任由任课老师轮流着代，数学课由同年级其他老师轮流着代。的确，在我们这样48个班规模的新城区学校，教师相对年轻，因为二孩政策的实施，教师编制的紧缺，教师配备丝毫没有多余。领导很快去忙了，就这样，这个班就算是我的班了。

我开始了我们的第一堂班会课，或许，还不算是班会课吧，称我的即兴演说更为恰当。我没有介绍任何自己的工作经历，更没有介绍自己所拥有的荣誉和光环，这一次，我讲了几个故事。

"人类的发展，最初是在不断汲取故事的力量中前行的。"学生的成长过程中，他们最不缺乏的是说教，而说教也正是最低级的教育方式。青春期的孩子们喜欢听故事，内涵丰富而又有哲理的故事，像一把把钥匙帮助他们打开通往外面世界的大门。15班的孩子们，睁着圆溜溜的双眼，煞是认真地听着，时不时皱紧眉头，时不时点点头。

第一次见面，我反倒似乎有点喜欢上他们了呢。

我的第一次即兴演说词

15班的同学们，很高兴认识你们。我常想，老师和学生是什么关系？有人说，老师是蜡烛，燃烧自己，照亮学生；有人说，老师是慈母，学生在老师的关爱下长大；有人说，老师是灯塔，指引着学生前行的方向。的确，都没错，老师是学生时代中很重要的人，朝夕相处的日子，总能留给同学们很多难忘的回忆。不过，我更想说，你我的相遇，更像是驴友，这一程，或许我不能使你的生命臻于完美，但相伴一程，亦是一份别样的美丽，足矣！

同学们，这样的美丽，大家向往吗？为了能让彼此拥有一份刻骨铭心的美丽，下面，我想给大家讲几个故事，看看这几个故事是否带给你一些新的思考或启示。

故事一：

2002年2月23日，在北京动物园的熊山，两只黑熊突然口吐白沫，倒在地上，来回翻滚，口中发出嗷嗷的惨叫。同时，水泥地上冒起一股股白烟。围观的人群一阵骚动，一个手拎食品袋、戴着眼镜的男青年急匆匆地挤出人群向熊山外溜去。在附近巡逻的动物园派出所民警、工作人员和在场群众的围追堵截下，这名男青年被抓住并被带回了派出所。肇事者的身份很快就被弄清，他就是清华大学电机系大四学生刘海洋。据交代，为了验证"熊的嗅觉敏感，分辨东西能力强"这句话是否正确，他先后两次把掺有火碱、硫酸的饮料，倒在5只北京动物园饲养的熊的身上或嘴里。当年仅 21 岁、已被学校推荐攻读硕士研究生的刘海洋原本前途一片光明，却因此受到法律的制裁。

故事二：

2016 年 7 月 23 日，一家四口，三个大人一个小孩，去八达岭野生动物园自驾游。车辆行驶至猛兽区的东北虎园时，年轻男女在车内发生口角，女子突然下车去拽男司机的车门，结果被蹿出来的老虎叼走。女子的母亲看到女子被叼走，立刻下车营救，被另外一只老虎当场咬死并拖走。事件造成 1 死 1 伤。

故事三：

在德国，有一个学生以优异的成绩毕业了。毕业以后，他去德国的大公司寻找工作。第一家公司拒绝了他，第二家公司拒绝了他，第三家公司还是拒绝了他。他一连找了 20 多家大公司，结果没有一家肯接收他。他想，凭自己的博士文凭和优异成绩，找一家小公司应该没什么问题吧。但是，谁也没有想到，他找的一家小公司还是拒绝了他。这个学生愤怒了！他对那家小公司的老板说："请您告诉我，你们为什么要拒绝我？"那位老板说："对不起，先生。我们从网上找到了一份关于你的记录。记录显示，你在读书期间乘坐公共汽车，曾经逃过三次票。"这个学生吃惊地说："逃三次票算得了什么？难道我的博士文凭还抵不过三次逃票吗？""抱歉，先生，可以确切地说，在这个国家甚至整个欧盟，你可能找不到雇佣你的公司，因为你缺少我们国家认为的最重要的东西。"

同学们，三个故事我讲完了，你们认为这三个故事的主人公都缺乏一种什么意识呢？是的，他们缺乏规则意识。规则为什么重要？规则是我们的成长所需，是我们工作后的立世所需。一个不讲规则的人，他迟早是要付出代价的。这个代价可能是找不到称心的工作，就像故事三，明知无人售票是建立在诚信之上的，却贪图小利；这个代价可能是牢狱之灾，就像故事一，明知黑熊是保护动物，却故意伤害；这个代价可能是丢掉性命，就像故事二，明知猛兽区不能下车，却违背规则。

人性本善，想必大家也一定想成为一个守规则的人吧？那么，作为一名学生，我们该讲哪些规则呢？班规、校规、《中学生日常行为规范》，都是我们应该遵守的。如果不记得这些规则的内容,请同学们现在就拿出《学生手册》好好温习一下。

(十分钟后)我很喜欢你们专注阅读的样子,这一定会是你们崭新而值得期待的开端。下面请同学们归纳一下我刚才讲话的主题,可以用词语,可以用短语,也可以用句子,并把它写在《学生手册》的第一页。如果愿意,也可上来写在黑板上。

(同学们纷纷举手上台,写下"规则""做一个讲规则的人""遵守规则,做最好的自己"……)

不知不觉就要下课了,最后,请记下我的手机号码,还有,我有个小小的请求:请同学们路上碰到我时,自报姓名,好让老师尽早地认识你、记住你、了解你,可以吗?

谢谢!下次聊。

周周,每一次的遇见都是人生必需的遇见,每一段经历都会教给你许多。好好地准备,两天后勇敢地站上讲台,用你的真情、你的睿智,开启接班后的第一次精彩的就职演说,到时,我一定为你喝彩!

No.2　点名:因为你们住在我的心里

当天下午,班长很快帮忙写了张座位表,乖巧的女孩居然还在座位表下方备注了各类班干部、课代表。第二天的数学课,我就要正式进入课堂了,虽然也已教了18年的数学,这次居然还有那么点"赶鸭子上架"的

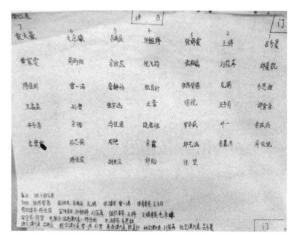

座位表

感觉，或许，改变来得太突然了。

　　拿到名单，我给自己布置了一个任务：必须在第二天数学课前记下所有同学的名字。心理学家认为，当听到别人叫自己的名字时，人的内心会产生喜悦感和满足感。因为，一个人的名字，对他来说，是任何语言中最甜蜜、最重要的声音。曾有一项针对学生的调查：世界上最美妙、最动听的声音是什么？很多学生的回答是听到自己的名字从老师的口中说出来。

　　我相信，教育是从记住学生的名字开始，这样的教育才会拥有温度，这样的教育才会满含爱与尊重！我一边憧憬着在我看一眼就能叫出学生名字时，他们那惊讶而又欣喜的表情，一边给自己加压：如何圆满完成这个挑战呢？

　　第一步：解决生僻字。浏览了一遍名单后，我发现里头有个生僻字"堃"，这个字怎么读呢？现在的孩子名字中越来越多地出现生僻字，老师能否当着那么多同学的面，喊对他们的名字，对学生来说很重要。查了字典，哦，念"kūn"，哦，这个字造得很有趣，"两方土"，就这样，我记住了"徐堃"。

　　第二步：背熟名单。"先知道名字，后见到本人"，比"先见到本人，后知道名字"的记忆效果要好很多。教室共有七列座位，每列坐6—7人，我从靠门口的第一列开始，把名单背熟。我向来喜欢只喊学生姓名中的两个字，一来亲切，二来也方便记忆。结合谐音法、串词法、联想法等，反反复复地合上、打开，打开、合上名单后，我居然能背下每一列同学的名字了。

　　第三步：把名字和人对上号。打开从"前任"那拷来的班级同学的一寸照，找出每一个头像的特点，再把这些特点在脑海中放大；根据学生个人外表的某一特点，通过联想，把名字和其特点关联起来。剪着齐刘海的是余露，戴眼镜、标准"国"字脸的是陈佳俊，笑起来露出两颗虎牙的是龙瑞……脸孔比较"有型"，把"有型"的脸孔与名字紧密联结起来，多次复习和记忆帮助我快速地记住并熟悉了学生。

　　第四步：我利用了作业整理课10分钟的时间，让学生做了一份有理数加减混合运算的过关练习，这样既可以了解学生前一阶段的学习情况，又方便我巩固记住名字。每批改一张练习，我就要求自己复习下这个同学坐在哪个座位，脑海中浮现这个同学的大致长相特点。

第五步：第二天的数学课前，我亲自给学生发批改好的过关练习，我没有按以往每点一个孩子的名字，就请他到前面来领，而是亲自将练习送到他的座位上，就像某些大学校长亲自给每个毕业生发证书一样，神圣而庄严！这样做，再次强化了我对学生名字的记忆，不过此时，已经有学生流露出诧异的神情。

这堂数学课学的是《有理数的除法》，内容不多，法则仅是"除以一个数等于乘以这个数的倒数"，重在计算的练习。课堂上，孩子们举手非常积极，我点名邀请了 8 名同学上台板演，还表扬了 4 名上课特别认真的同学，每一次准确地点名后孩子们都会发出"哇"的一声，是那么激动人心。是啊，老师能亲切地喊出学生的名字，一定会让学生有受关注、被重视的喜悦感，相信他们就更愿意走近老师，愿意跟老师交流、互动，进而听老师的话。记住学生的姓名，不仅能"活"了课堂，更能"暖"了学生的心。

午间进班时，恰好听到几个小姑娘聚在一起正兴奋地讨论着什么，看到我进班时，百灵鸟般的思甜蹦到我跟前："老师，你怎么都叫得来我们的名字呀？"紫含附和道："老师，我们觉得你好厉害，你怎么做到的？"我笑而不答，很矫情地说："那是因为，因为你们住在我的心里。"孩子们笑了，笑得那么灿烂。

在笑声中，我自恋地读到了：有一种走心，叫作点名的惊喜。

周周，学校让你来接班，想必是学校再三考虑后认为最好的方案了，那也是学校对你工作能力的信任与认可。祝早日走进孩子们的心灵！

你的老师：杨胜丽

第二辑

班本活动循规律

"慢"字中的"日"，解读为"遵循自然规律"吧。只有遵循学生的心理变化和心智发展规律，真正从学生的心理需要出发，以科学的班级活动为载体，才能促进学生健康茁壮地成长。

07 班本活动，
必须遵循成长规律

周周：

　　见字如面。你说你也很想有个系列化的班级活动，我甚感欣慰，担任班主任才第二年，你就有了自己独到的见解。我呢，把系列化、主题化的班级活动，称为班本活动。

　　班本活动的设计与实施，前提是坚持以生为本，遵循孩子的成长规律。

　　根据发展心理学，自然人的年龄段划分如下：乳儿期 0—1 岁，婴儿期 1—3 岁，幼儿期 3—6 岁，童年期 6—12 岁，少年期 12—15 岁，青年期 15—35 岁，中年期 35—60 岁，老年期 60 岁以后。人的成长和发展遵循一定的规律，因此，什么"早期智力开发""神童""早熟""比一般人聪明""加餐式学习"等只是个体与偶然现象，过早地让一个孩子跨越他的成长阶段，去做超越他最近发展期的事情，其实是一种违背教育规律的行为。

　　举个例子吧。他，曾是全国瞩目的"第一神童"；他，曾是中科大少年班破格录取的第一人——宁铂。他2岁就能将30多首毛主席的诗词倒背如流，4岁就认识近500个汉字。一次偶然的机会，宁铂看到了一本中药书，读完后竟然能给病人开药方，且药物见效极快，让人惊叹不已。1978年，13岁的宁铂被中国科学技术大学破格录取，成了一名大学生。

　　但在中科大的几年，宁铂的学习并不称心。由于外界舆论的压力以及众人对他的期待，他的状态出现了问题：他的性格逐渐孤僻，考试挂科的次数也逐渐增多，他甚至成了少年班的末流，活脱脱就是一个"当代仲永"。后来，他勉强完成了在中科大的学业，19岁时留校任教，成为全中国最年轻的讲师，这也是宁铂人生中的巅峰时期。他曾3次报考全国研究生入学考试，但都在考前放弃了；他也想过出国深造，为此3次参加托福考试，但都没有取得理想的成绩。渐渐地，社会对宁铂的质疑声越来越大，群众一次次地对他失望，唏嘘声绵绵不绝。在被各种风言风语干扰的时期，宁铂迫切渴望解脱，这为他接触佛教提供了契机。据宁铂的妻子回忆，1988年二人结婚后，宁铂就经常阅读佛经，偶尔吃斋念佛，醉心于佛学研究，这使得他和妻子的婚后生活并不和谐。终于，在2002年，宁铂选择了出家，成了一名佛门弟子。

　　反观宁铂的经历，有哪些值得我们深思的呢？宁铂的成长，充满了"神话"色彩，人们给予了他过多的关注，而这种关注对一个孩子来说，不是他能够承受的。宁铂13岁上了中科大，和一群大他六七岁的哥哥姐姐同在一校，这些哥哥姐姐是经历了十年寒窗后如愿考上大学的，他们想要在大学中释放自我，让自己的交际、口才等能力得到提升。这样的一群同龄人，他们在一起，会有更多的共同语言，谈论学业、人生，甚至恋爱与婚姻。试想，他们愿意带着小宁铂一起吗？宁铂与他们又有多少可以共同探讨的话题呢？除了学习，少之又少。

心理学家埃里克森的人格发展八阶段理论中明确指出，13 岁正处于自我同一性最混乱的时期，需要在同伴交往中进一步认识自我、悦纳自我、发展自我。可见，宁铂错过了这一黄金关键期，以致他后来的事业、婚姻均出现了问题。

所幸，宁铂在 2018 年还俗，做了一名心理咨询师，着重研究儿童发展心理学，他通过自己的亲身经历，发出声声呐喊：请尊重孩子的正常成长！

周周，班本活动是培育学生成长的载体，在我们设计班本活动时，不妨先想一想，这个活动是学生所需的吗？它有理论支撑吗？遵循学生身心发展的规律吗？

与君一同自省！

你的老师：杨胜丽

08 每日一诵，
经典润泽学生心灵

周周：

　　见字如面。你说你很喜欢上初中时我带着大家一起诵读经典，初中三年，我们读了《弟子规》《大学》《中庸》《论语》《笠翁对韵》《了凡四训》等。是啊，随着国学热的兴起，越来越多的人重视先人留给我们的瑰宝，并将之运用到生活中。在班级管理中，我们每个班主任都希望借助一双"隐形的翅膀"，"飞过绝望"，"拥有美丽的太阳"，而这些经典就是我们班级管理中的"隐形的翅膀"呢。下面，我想用《弟子规》"抛砖引玉"，与你一起共享经典带来的精神"盛宴"。

　　《弟子规》是一部以学规形式对年幼学子进行学习指导和品行修养教育的启蒙读物，全篇以儒家的忠孝思想为纲，依次讲解了如何对待父母、兄弟、长辈，如何为人处世，如何读书求学的道理，在历史上对我国教育发挥过重要作用，其精神本质对现代中国教育仍有所启发。把《弟子规》

教育与班级管理相结合，特别是管理新接手班级，是一种探索实践。

一、启用《弟子规》，制定人文班规

良好的班规打造良好的班级。我把《弟子规》中的内容应用到班级管理中，结合班级实际制定了班规，让《弟子规》礼仪融入学生的一言一行，从"衣贵洁，不贵华""房室清，墙壁净"等生活小事，到"事虽小，勿擅为""言语忍，忿自泯"等处事小节，直至"凡出言，信为先"等优秀品质，在班规中渗透《弟子规》的内容。

比如，我们班顺驰、小胜、小升等同学，总是不分场合"畅所欲言"，天天唾沫星子满天飞，让班里其他学生苦不堪言。于是，紫怡同学便提议把《弟子规》中的"话说多，不如少，惟其是，勿佞巧"写入班规，让同学们明白说话应注意场合，更不宜花言巧语。"祸从口出"，管住自己的嘴，可以避免麻烦，更不会闹笑话。慢慢地，班级散乱的现象在减少，学生安静了许多，班级的整体面貌有了很大的改观，《弟子规》中的许多行为规范自然而然地在孩子们的心里播下了种子。

二、运用《弟子规》，处理偶发事件

进入初中后，孩子们渐渐有了自己的主见，教师"侃侃而谈"的大道理往往被他们"嗤之以鼻"。在班级管理中，教师可活用《弟子规》善待学生，处理偶发事件时坚持"引导、领悟"原则，也可达到"立竿见影"的效果。

　　比如，开学才两周，晚自修前，七七在好朋友小九的陪同下怯生生地走进办公室，来到我面前着急地说："老师，我的钱放在书包里不知是谁偷走了。"七七情绪很激动，边说边哭，小九终于按捺不住，说："老师，今天蓉没去吃饭，肯定是她偷的。"七七也应和道："对，就是她，我下午看到她去小店里买回来好几包零食的。"我首先用《弟子规》中的"见未真，勿轻言"教育了她们。后来，我找到蓉时，看见她不停地拽着衣角，我已经猜到了几分，她可能是拿了七七的钱。于是我说："你读一读《弟子规》22页的这段话。"她开始读了，这是一个多好的教育机会呀！于是我接着对她说："古人说，'无心非，名为错，有心非，名为恶'，就是说不是有意做错的，称为过错；若是明知故犯的，便是罪恶。"蓉听到我这样说，脸开始红了，我乘机说："你悄悄告诉老师，是不是你拿了七七的钱？"蓉点了点头。原来她很想给母亲买一件衣服作为生日礼物，但存的钱还不够。这一次我成功地用《弟子规》帮七七找回了她丢失的钱，更将一颗孝顺懂事的心引回正途。

三、借用《弟子规》，营造和谐氛围

　　我试图以《弟子规》为依托，把一个刚拼凑起来的班级群体建设成和谐上进的班集体，润物细无声，激励学生积极向上，勇于拼搏。

　　《弟子规》里说"唯德学，唯才艺，不如人，当自砺"，而学生的学习成绩，不仅与个人主观努力有关，还与同学之间的相互合作、相互帮助密切相关。所以，我根据《弟子规》里的"能亲仁，无限好，德日进，过日少"，在班级中开展小组合作学习和"一帮一、一对红"活动，发挥优生的传帮带作用，促进后进生学习上的转化。我还在班级中开展"寻找身边的榜样"活动，不断激发学生积极向上、自我完善的欲望，使榜样在班级中不断发挥"正能量"，从而使学生逐渐由"他律"变成"自律"。

同时，"情"与"理"结合，积极疏导，促进学生学习上的良性发展。比如，第一次月考后，我对班级中看似勤奋但成绩停滞不前的学生，从学习方法上进行疏导，让其明白"读书法，有三到，心眼口，信皆要"；而对退步的学生，鼓励他们"勿自暴，勿自弃，圣与贤，可驯致"。

四、利用《弟子规》，关注教育细节

七年级学生刚升入初中，对他们进行学习习惯和学生日常行为的养成教育是首要的。利用《弟子规》，关注日常教育教学中的细节，可起到"踏雪无痕"的效果。比如，班级中童文同学的作业书写总是马马虎虎，改作业时，我在他的作业本上端端正正地批上"字不敬，心先病"。童文同学拿到作业本后，脸涨得红红的，低着头很不好意思。第二次的作业，我意外地发现他完成得出奇认真。

课前准备工作是七年级新生最容易忽视的，为更有效地检查督促孩子们的课前准备工作，每天课前，值日班长都带领全班同学背诵"列典籍，有定处"等句子。组长似游戏般地提醒，学生都很乐意接受，时间一长，值日班长还没有带头开始背，同学们纷纷笑着说："我早已准备好了。"

关注生活细节，促进良好行为习惯的养成。比如，在学生寝室的洗

手间贴上"晨必盥，兼漱口，便溺回，辄净手"，结合讲解手足口病的预防和传播等相关知识，让学生知道这样做的重要性；在卧室贴上"置冠服，有定位，勿乱顿，致污秽"，结合生活中的实例教育孩子，如穿错衣服引出笑话等。

现代心理学认为，习惯是一种动力定型。良好的习惯一旦形成，便能使人在其所从事的活动中执着追求，坚韧不拔。因此，我还制作了一些评价式的表格，将学生每天的德行以加分的形式公布。学生在《弟子规》潜移默化的熏陶下慢慢养成了良好的品行习惯，在文明礼仪方面取得突破。

五、巧用《弟子规》，家校形成合力

苏联教育家苏霍姆林斯基曾把学校和家庭比作两个"教育者"，认为这两者"不仅要一致行动，要向儿童提出同样的要求，而且要志同道合，抱着一致的信念"，充分强调了家校合作的重要性。可开学报到的第一天，柳胜同学的家长感慨道："孩子越来越不听话了，还常常和父母顶嘴，都不知道该怎么教育了。"家长的一番话给我敲响了警钟。试想，众多"问题学生"的背后，家长必定也存在着许多问题。比如，不知道如何教育子女，以为棍棒之下出"孝子"就对孩子非打即骂，从而导致父母和孩子之间的距离变成了"咫尺天涯"；比如，老师教一套，家长教一套，让孩子无所适从，久而久之，变成"5+2=0"。为此，我决心给学生补上缺失的家教"私德"课，而《弟子规》无疑是家校联合教育的切入点和结

合点。

　　学习"入则孝，出则弟"后，学生懂得了"父母教，须敬听，父母责，须顺承"。为了让学生和家长更好地交流、沟通，我还设计了《弟子规》家校联系表。

《弟子规》家校联系表

　　为了解孩子在家中是否有真正帮忙做家事，拥有良好的生活态度和品德，懂得孝顺父母，请您对孩子这一个礼拜内的表现给予评价，谢谢。（在登记栏登记学生践行情况：A.完全做到；B.基本做到；C.未做到。）

	《弟子规》	理解《弟子规》	登记
学生活动	父母呼应勿缓	长辈叫我应及时回答，不要慢吞吞地响应。	
	父母命行勿懒	父母有事交代，要立刻动身去做，不要故意拖延或推辞偷懒。	
	父母教须敬听	父母教导我们做人处事的道理，是为了我们好，应该恭敬地聆听。	
	父母责须顺承	做错了事，父母责备劝诫时，应当虚心接受，不要顶嘴。	
学生感悟			

年　月　日

（续表）

家长 评语	 　　　　　　　　　　　　　　　　　　年　月　日
老师 评语	 　　　　　　　　　　　　　　　　　　年　月　日

　　家校联系表上，浩云同学真诚地表达了自己在成长过程中的悔意和对父母的感恩之心，其母亲也在给孩子的评语中写道："孩子，你长大了。"

　　践行《弟子规》期间，我和家长一起收获着阵阵暖意和温馨。家校联系本上，家长们纷纷讲述着自己孩子的巨大变化。

　　吕皖家长写道：回顾孩子一个月来的校园生活，我们欣喜地看到了孩子的成长，能料理好自己的生活琐事了，与父母讲话的语气也好多了，在文明礼貌方面确实进步挺大的。再则，双休日在家完成家庭作业后，能做些力所能及的家务事，如帮爷爷奶奶盛饭、帮妈妈照顾弟弟和打扫房间。谢谢老师的教导，也谢谢《弟子规》的引领。

　　杨静家长写道：进入初中后，孩子的正面思维很明显，讲话也文明礼貌了，素质好了很多，真的非常感谢老师的教导。更重要的是有责任心了，听说她做了组长，虽然有点辛苦，但是老师对她的信任她也不能辜负，她说，从这里更加体会到老师辛苦。

　　周周，"凡是人，皆须爱，天同覆，地同载"。倘若班主任怀一颗博爱之心，借助"经典诵读"这双"隐形的翅膀"，巧妙地处理班级中出现的种种偶发事件，一定能让班级管理"忽如一夜春风来，千树万树梨花开"。

　　期待你也能带领孩子们采撷经典之花。

　　　　　　　　　　　　　　　　　　　　你的老师：杨胜丽

09 每周一记，
架起师生连心桥

周周：

　　见字如面。接着前一封信的每日一诵，今天我想和你聊聊每周一记，即周记。周记是同学们对一周的所见所闻或所做的事情的记叙。在周记中，同学们可适当发表自己的观点与见解。积极地利用学生的周记，并发挥周记评语的作用，班主任可以更加全面地了解班级和学生个人的情况，更加有利于开展各方面的工作。

　　周记可实现师生的双向交流。学生周记所涉及的内容是十分广泛的，包括个人生活、学习、情感世界、家庭及与他人的人际交往等。学生在交流过程中扮演了叙述者、倾诉者和演绎者的角色，而教师则以倾听者、引导者和帮助者的身份登场。它有别于其他的德育过程，比如说教、批评、谈话等，它把更多的主动权交给了学生。周记给了学生更大程度的自由，学生可以在毫无外界干扰的情况下选择自己愿意倾诉、愿意叙述的事件来写，并表达自己的观点与见解。而初中生还未完全摆脱小学时代的稚气，对成年人依赖性较强，向班主任倾诉的欲望较为强烈。班主任可以利用周记了解更多的班级及学生个人的情况，根据所了解的情况有针对性地对学生进行教育和帮助，从而提高德育工作的有效性。

这个学期我接任907班的班主任。开学没几天，就有几名女同学向我报告：她们在寝室睡觉时钱经常被盗，怀疑是叶某所为。我找叶某谈，但她都矢口否认。直到有一次，坐在她前排的同学发现学习机丢了，我在少数人知道的情况下展开调查，确认是叶某所为。但是她在我面前不好意思承认，我就想起了周记。最后叶某通过周记向我透露了事实真相，而且告诉我她以前就有小偷小摸的不良习惯，而她的父母长期在外打工，爷爷奶奶又管不住。她还写道："老师，其实我心里比你们还难过，还痛苦。求求你帮助我改掉这个不良习惯。"我看了以后马上找叶某进行了深入的谈话，并定期、不定期地与她交流，尽力去帮助她。而且每次交流后，她都会反思，并在周记里写出感受。经过一段时间的努力，叶某渐渐地走出了心理阴影，也彻底摒弃了原来的不良行为，再也没有拿过别人的东西。如果没有周记这一安全通道，可能就会出现我们不可预知的严重后果。

周记给了学生主动倾诉的机会，因为主动权在学生，学生只要愿意就可以谈，学生心里不会有压力。而作为班主任的我，有些事情在平时未能察觉的，却可以在周记中发现苗头，及时采取有效措施，既可以达到教育学生的目的，又可防患于未然。

　　周记可实现对学生的情绪疏导。每个人都有向他人倾诉的欲望。特别是在遇到困难时，正确的倾诉能够减轻自己的心理负担。所以有些倾诉未必是寻求实质性的帮助，它只是给倾诉者的情绪一个出口。倾诉完了，倾诉者心里的负担减轻了，也就等于解决了问题。而周记，就是以这样的方式为学生的情绪疏导提供了一个通道、一个机会。

　　有一个女生余某与同学小傅闹了矛盾，原因是她觉得自己把小傅当成最好的朋友，而小傅却和另一个同学也很好，她接受不了，觉得这样对她不公平，又不知道怎么去化解，就一直憋了一口气在心里。可在周记上一写，我就告诉她，这种事情怎么能用公平来要求呢？我与她交流，让她学会应该用何种心态与周围的人交往，这样既为她疏导了情绪，也教会了她在今后的人生中如何面对交往问题。

　　周记可实现更有效的家校联系。周记，作为事实和思想的载体，不仅承载着学生对学校生活的叙述与反思，还有对家庭情况的解剖与暴露。当学生在家里承受过多的压力或与父母发生矛盾时，这些问题会自然而然地在周记中流露出来。这样，班主任就可以及时全面地了解学生的家庭情况，与家长进行有针对性的交流，实现更加有效的家校合作。特别是步入青春期的初中生正处于最容易和父母发生冲突的人生阶段，更需要家庭和学校和谐统一的教育。

　　有一个性格比较内向、心思细密的女生有一次在周记上这样写道："老师，我真的很烦很烦。这个星期六在家里，爸爸又和妈妈吵架了，还动手打了妈妈，他们还说要去离婚……我劝说的话他们又听不进去，其实爸爸妈妈是很爱我和弟弟的，但是他们怎么不能真正地为我们姐弟俩考虑啊！"我连忙把她叫到办公室里向她了解情况，还和这个女生的父母取得了联系，他们还不知道情况这么严重。所幸的是，最后事情得到妥善的处理。孩子的身心健康应该是家

周记《成长币》

庭教育、学校教育和社会教育和谐发展的结果，而周记，就在它们之间悄悄架起了桥梁。特别是在家庭教育和学校教育的协调统一方面，周记的作用不容忽视。

周记可促进全体学生和谐发展。有些学生了解了班级里的一些情况，却因害怕被其他同学知道，沾染"告密"的嫌疑，不敢当面告诉班主任。而周记的私密性给了他们安全感，让他们可以比较坦然地向班主任透露更多的班级情况。班主任可以利用学生在周记中提出的具有普遍性的问题，引发全体学生的思考与交流，让全体学生在自我反思、集体讨论中接受德育的洗礼。这样的教育比没有针对性的泛泛而谈要有效得多。

记得我教七年级时，许多学生都不能认真主动地完成劳动委员分配给他们的劳动任务。我们班的劳动委员汪某在周记里大倒苦水，并向我

提出辞职。我针对这一问题及时在班里召开了关于劳动的主题班会，然后让部分学生在周记里写出自己对此次班会的感想，并承诺对自己以后的行为负责。这次活动既加强了劳动委员的信心，又使全体同学更加明确了自己在班集体中的重要作用，增强了学生的责任感。

周周，周记有这么多作用，可是在实际的操作中有着很多的问题，有时达不到预期的效果。由于想读到学生最真的想法，开始我没有限制周记的内容，他们可以写关于任何方面的内容，如对班级建设的看法，对老师、同学的看法，或是自己的一些感受，等等，但也有人写不好。学生写不好的原因很多，最主要的是有些同学没内容可写和自己不愿意写。一是没内容可写。学生一想到周记，就自然想到要写事情，包括事情的发生、发展、结果等，而他们觉得实际生活都是简单的重复，其生活程式是吃饭、学习、睡觉，生活的范围除了家庭就是学校这块小天地，好多只是记流水账。二是学生不愿意写。这直接造成了周记质量的低下。有的学生是不敢写，因为害怕担责任；还有的学生是不愿意和老师交流，结果抄一篇了事。面对一篇立意空、内容假、篇幅短的周记，教师当然不愿读了。这样一来，学生只是把周记当作一项作业去完成，老师读不到学生的真情实感，周记就仅仅是流于形式，完全失去了它作为一个交流平台的意义。

针对这一问题，我又改变了方式。

首先，我提供了供他们选择的命题，当然还是鼓励他们自由发挥。对于实在没有东西可写的学生，给个命题作文，让他们在有限的范围展开无限的想象。比如期中考试快到了，便布置一篇《期中考试的准备》；考试结束，到了总结经验、吸取教训的时候了，便写《考试的得与失》；清明节的时候，就写写扫墓的感受；等等。这些事情就发生在学生身边，是他们亲身体验到、感受到的生活，他们也乐于用周记来记录。当然，对于有事情、有想法要说的同学，仍然可以让其自由叙述。

更重要的是，我要求自己一定要细心批改，如果学生写了，但是教师并没有认真去阅读，这会让学生心里很受伤，就会导致学生不愿意再倾诉。让学生在周记里说真心话是比较困难的，特别是他们自己内心深处真实的想法，表达起来更是顾虑重重。为了真正达到"心与心交流"的目的，老师必须真诚、细心地批改每个学生的周记。学生的周记常常反映出同学们共同关注的事和他们的喜怒哀乐，他们希望引起老师的共鸣，期待着老师能理解和体谅，而批改周记，就成为老师与学生沟通的主要方式之一，甚至成为掌握学生心理、进行思想教育的重要渠道。我的体会是，学生在刚开始写周记的时候会有些拘谨，但无论内容、篇幅怎样，我都会认真批改，并提出我的观点或给

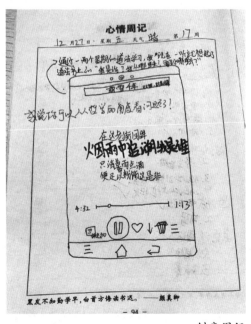

创意周记

出我的建议；涉及学生个人隐私的，我一定会帮他们保密；有关于班级的，我会尽快召开班会，征求学生的建议。有时，在评语中我还会与学生分享我自己做学生时的经历和一些人生感悟，慢慢地，学生陆续在周记中敞开了心扉，周记内容也越来越真。

周周，简单的方式往往具有更强的生命力。周记，让学生在不知不觉中接受了班主任如涓涓细流般的德育洗礼，拥有更加健康平和的心态去对待学习和生活。而这种"润物细无声"的德育方式更受学生的欢迎。与其他德育手段相比，周记以其直观、易于操作等特点，让班主任们一直坚持使用，成为有经验的班主任更好地开展班级工作的得力助手。

周周，你说，你已经在做了，记得坚持哦！

你的老师：杨胜丽

10 每旬一课，
打造体验式心理班会课

周周：

见字如面。你说，你很苦恼，有的任课老师经常问你"借"班会课用来讲作业。我很理解你，一方面，面对这么敬业的老师，你不忍心拒绝；另一方面，你又想好好利用班会课这一德育阵地。

针对"班会课"这一话题，我曾做过一些调查，发现学生对班会活动成效的认同度不高。在针对学生的问卷调查中，明确表示不喜欢班会课的学生比例竟高达80.3%。被问及不喜欢班会课的理由时，23.1%的学生认为班会课内容太无趣，13.6%的学生觉得班会课参与性不强，63.3%的学生则认为自己在班会课中收获不大。有的班主任上班会课，不是根据学校要求或就本班级应该完成的具体任务进行事务性的说明，就是总结班级学习、纪律、卫生、体育、生活等方面的问题；还有的，没有精心准备，说话漫无目的、脱离实际，空谈大道理。在针对教师的问卷调查中，我们发现只有 12.1% 的班主任会自己确定班会主题，只有 21.7% 的班主任会做出一年规划或一学期的规划，只有 3.2% 的班主任会对初中三年的班会课做整体规划。

周周，对照我的调查结果，反思一下自己的班会课是否也存在上述问题吧。

班会课是班主任德育理念实施的主阵地之一，作为班主任，我们应该坚守住这片阵地，把班级学生思想道德的根扎深，也为学生提供施展才华的平台。

首先，你要了解学生感兴趣的班会课主题是什么。我曾做过的调查中，53.6% 的学生选择了"学业指导"，36.4% 的学生选择了"心理健康教育"，还有 8.3% 和 1.7% 的学生分别选择了"习惯养成教育"和"励志感恩教育"。

其次，创新班会课，依照学生的心理发展特点有计划、有系统、循序渐进地规划与开展。周周，我们班的班会课分单双周，单周是学生分组才艺展示、社会调查汇报等，这个内容是由学生自行组织的；双周呢，按照规划的学段内容开展心理班会课。

一、七年级学段的内容设置

学生刚刚迈进初中校门，整体上表现出一些过渡性特点，如逆反心理、沉重心理、微妙心理，面对新环境进入又一个心理断乳期。七年级学段的心育主题关键词是"适应"。

主题	序列化标题
1. 悦纳自我篇	1.1 这就是我；1.2 为自己喝彩
2. 人际关系篇	2.1 不把别人的成功变成自己的烦恼；2.2 学会拒绝； 2.3 男生 VS 女生；2.4 父母的唠叨是首歌
3. 情绪管理篇	3.1 与快乐同在；3.2 做情绪的主人
4. 学法指导篇	4.1 管理好"时间"的财富；4.2 我有记忆小妙招
5. 生涯规划篇	5.1 犯错了，怎么办；5.2 启航——我的兴趣岛

二、八年级学段的内容设置

这一阶段的主要问题是学习上分化，心理问题增多；干扰学习的现象增多；出现对异性的好感；孤独感和焦虑感较强。八年级班会的内容设置倾向于情绪、情感、学习方法等方面的指导。

主题	序列化标题
1. 悦纳自我篇	1.1 自我暗示的魔力；1.2 生命，生命
2. 人际关系篇	2.1 欣赏与赞美；2.2 有理不在声高； 2.3 因为纯洁，所以珍惜；2.4 我和家
3. 情绪管理篇	3.1 一起来幽默；3.2 逆风飞翔，飞得更高
4. 学法指导篇	4.1 策划学习；4.2 头脑思维操；4.3 学习经验交流
5. 生涯规划篇	5.1 挥洒青春色彩；5.2 人生加减法；5.3 我的人生我做主

三、九年级学段的内容设置

九年级学段的系列化班会，以"减压"的心理辅导和人生第一次选择的生涯教育为主题，更明确地指导学生勇敢、坦然、平静地迎接中考，走向新生活。我们对九年级主题班会的内容设置如下：

主题	序列化标题
1. 悦纳自我篇	1.1 人生水晶球；1.2 价值大拍卖
2. 人际关系篇	2.1 摆渡；2.2 另类公式 1+1>2； 2.3 穿越情感的风暴；2.4 寸草报得三春晖
3. 情绪管理篇	3.1 情绪 ABC；3.2 从从容容赶考去
4. 学法指导篇	4.1 学会合理归因；4.2 考试有方
5. 生涯规划篇	5.1 目标与人生；5.2 面对人生的重大选择

周周，在开展心理班会课时，我通常采用体验式的方法，大致环节是引出主题（3—5分钟）、主题体验活动（20—25分钟）、分享体验（10—15分钟）、教师总结（3—5分钟）。周周，这样的课堂环节是不是很简约呢？

心理班会课的主体和最大受益者是学生，让学生在班会活动中获得成长与进步是班会课的首要目标和最终归宿。初中刚毕业的王同学说："初中班会活动给我的最大的收获大概有两个：第一是中考成绩，从默默无闻徘徊于年级中游到如今出乎意料地跻身重点高中；第二就是一颗镇定的心，在班主任的教诲下，我成功做到在中考时不慌张、放平心态，这也是我中考成功的一大因素。"

　　李同学说："数不清的班会课，让我懂得了许多，改变了观念，领悟了人生。还记得小学同学录上有同学说我是苦瓜脸，而初中同学录上大家说我乐观、爱笑。感谢三年的班会课和老师平时的不断渗透，让我变得乐观、爱笑。好想再上一节班会课。尤其是初中生活快要结束时的那节《找丢失的一角》，让我感触很深，我明白了一个道理，有时候缺一角反而会让生活更精彩，寻找的过程虽然坎坷，但是沿途也有美丽的风景，我们的人生多少也会缺角，有时要学会悦纳它！"

　　周周，可否委婉地和任课老师请求，不要占用班会课，因为班会课真的不会影响学习，反而还能促进浓郁的班级学习风气的形成呢。不过，记得一定要不断给自己充电，丰富自己的心理学专业知识和心理辅导技巧哦。

　　让我们一起留给学生一片试飞的天空！

你的老师：杨胜丽

附 《我的兴趣岛》心理班会课教学设计

【活动理念】

大家知道，高一学生须选考、学考，从某种意义上说，这不仅是在引导学生选择适合自己的学科，也是在引导学生做好"生涯规划"，提前思考自己的"职业兴趣"和未来发展方向。

对于刚升入七年级的同学，"生涯规划""职业兴趣"这些词都是陌生的，他们甚至不知其为何物。为了适应未来需要，有必要在初中阶段普及"生涯规划"教育，一方面引导学生深入地了解自己，思考自身的兴趣、性格、能力和价值观等，另一方面引导他们走进社会，了解社会职业，增强职业兴趣，研究自己感兴趣的职业。

鉴于"职业兴趣""生涯规划""霍兰德"这些话题对七年级孩子来说还有些深奥，我在设计教学活动时尽量将霍兰德的"六大职业兴趣类型"贴近学生生活，力求通过课堂体验，让学生有所发现，有所了解，有所感悟和提升。

【活动目标】

认知目标：认识"职业兴趣"对个体"生涯规划"的重要意义。

能力目标：培养学生发现自身兴趣的能力，增强自我认识。

情感、态度、价值观目标：鼓励、培养学生将生活兴趣发展为职业兴趣。

【活动准备】

PPT课件、彩纸、彩笔、彩泥、透明胶、名牌、名牌表格、配乐。

【活动过程】

一、暖身活动：疯狂猜人

规则：每道题会有三个提示，逐一出现，请学生根据提示猜目标人物。注意：无须等三个提示全部出现，知道即可抢答。答对者可获奖励。

屠呦呦：中国，青蒿素，"自幼耳闻目睹中药治病的奇特疗效，后来去探索其中的奥秘"。

韩寒：赛车，作家，"有时间，能胜利，喜欢，没理由改行"。

雷军:金山,小米,"人因梦想而伟大,又因坚持梦想而成长"。

提问:以上人物有什么共同点?

二、体验馆:帽子大挑战

师:英国女王伊丽莎白二世是个"帽子控",她一生中拥有上千顶帽子。那么同学们认为,一项帽子从最初的一块材料到能被顾客如愿得到,这一过程需要哪些职业的参与呢?

生:……

师:嗯,按照职业特点,我们把日常的职业分为六类。(教师出示课件,并简单地介绍各职业要求。)

师:这六类职业中,你最感兴趣的是哪类呢?请同学们不考虑其他因素,仅根据自己的兴趣将自己的名字贴在对应的岗位上。

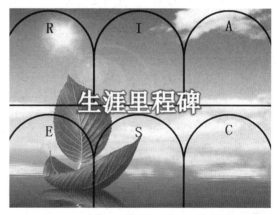

课件画面一

前面拿到奖励的同学可以优先做出选择,当有学生想要的岗位已被选完,他们只能被迫在剩余的岗位中挑选,甚至没得选(如同职场再现)。

师:下面请同学们对自己所选择的职业的满意度进行0—10分的打分(0分表示十分不满意,10分表示十分满意),并简要说明理由。

生1:……

生2:……

生3:……

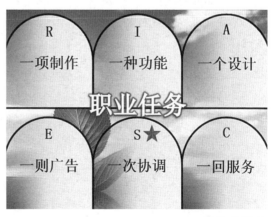

课件画面二

师：下面呢，小组成员根据自己的岗位角色，利用给定的工具和材料，合作完成一顶帽子，20分钟后进行宣传展示。

同学们井然有序地分工、合作，20分钟后各小组进行展示。

小组1：……

小组2：……

小组3：……

……

三、体验交流

请同学们结合刚才自己在体验活动中的岗位角色，再次进行职业满意度打分，比较是否有变化，并说说理由。

生1：我原来打4分，现在能打8分，通过实践，我发现自己即使不喜欢企业型，也能编出一句广告词了。

生2：我原来打9分，现在能打7分，我原来喜欢艺术型，但实践后发现自己设计的帽子也不怎么理想。

生3：我原来打7分，现在也打7分，我喜欢交朋友，活动中我是社会型，我觉得自己做得很不错。

……

四、教师总结，誓言启航

从今天开始，我将加入生涯探索的队伍。等待我的是既有绮丽风光，又有神秘挑战的旅程。我将秉持着信心、毅力和耐力，坚持进行探索与实践。

愿我能在人生探索之旅中发现独特的自己，遇见更好的自己！

探索者：

日期：

11 每月一主题，
班本活动系列化

周周：

　　见字如面。你说，前些天看到我们家长会（不对，我们称为亲子会）的照片，很是感动，于是，今天我想和你聊一聊班本活动的主题这一话题。

　　班级，是一方五彩斑斓的舞台。它是老师和学生用智慧和心血描绘的奇妙世界。它能给学生许多知识和能力，也能给老师们无数的感动和力量。可以说，班本活动把知识世界与生活世界联系了起来，它是学生成长的载体。我们班主任可通过有效的活动，促使学生发展个性、舒展自我，成为真正意义上的人。

　　我呢，把班本活动分为德育类班本活动和学业类班本活动。以"科学化、主题化、系列化"这"三化"为基本原则，以构建"教师—学生—家长"三方协同的成长共同体为目标，精心设计符合学生成长需求的班本活动，力争打造"全员育人、全程育人、全科育人"的"三全"育人新模式。

以 2018 学年为例，我们一起回顾一下这一学年，我们的班本活动以及设计意图吧。

一、2018 年 9 月：相约点赞台

设计意图：关系先于教育。这批孩子 9 月 1 日刚进入初中，面对全新的环境、新老师、新同学，作为班主任如何高效地建立融洽的师生关系、生生关系，是班主任接手一个新班级首先要思考的问题。威廉·詹姆斯曾说："人性深处最大的欲望，莫过于受到外界的认可与赞扬。"基于此，我们开展了"相约点赞台"活动。

活动事项：

1."三步走"句式

×××为×××点赞，我发现……，我感到……，我希望……。

2.每个同学都有一本"点赞本"，每天早上第一节课前班长收齐交班主任批阅，中午12:00 为播报班级点赞时间。

前两周，每个同学每日为班级中的两个同学点赞，要求不重复点赞；第三周开

点赞本上的话

始，每个同学每日为一名任课教师和一个同学点赞，要求不能为班主任点赞（聪慧的你，一定能懂的）。对了，我们还按学号轮流着为任课教师点赞，并第一时间将为任课教师点赞的信息传递给他们，他们别提有多开心了。再后来，我们还每周为家长点赞一次呢！

周周，当同学们用欣赏的眼光看待同伴、教师、家长时，他们会发现，生活中真的并不缺少美。而此时，良好的育人关系一旦形成，教育就已经成功一半了呢。

二、2018 年 10 月：最美夕阳红

设计意图："老吾老，以及人之老"，敬老孝老是中华民族的传统美德，一个感恩念旧的孩子不会变坏。传承一份孝道，从九九重阳节开始，亲子一起走进敬老院、残疾老人家庭。

三、2018 年 11 月：拼搏运动会

设计意图：初中的第一次运动会，融入家长志愿者的力量，见证孩子们在运动场上团结、拼搏的时刻。

四、2018 年 12 月：融融亲子会

设计意图：期中考后的第一次家长会，是家校形成合力的良好契机。怎么开呢？报成绩，家长们早就知道了，而且每个孩子的成绩都是孩子的隐私。更何况，随着家长观念的转变，家长对孩子的评价，已从单纯

亲子会现场

的看成绩转为多元化评价。家长在关注成绩的同时，更关注学生身心的健康，优良心理品质的培养。每个班主任带好两个班，一是学生班，二是家长班，从一定意义上来说，带好家长班比带好学生班更重要。毕竟，如果孩子出现问题了，首先要检查的是父母是否出问题。反之，一个优秀的孩子背后，也往往站着一对优秀的父母。每一次的家长会，我更注重的是家庭教育观念的渗透及促进良好亲子关系的形成。因此，家长会我从来不避讳学生，都让学生一同参加，故称为亲子会吧。

亲子会流程（1—5 由学生主持，6—7 由班主任主持）：

1.任课教师代表致辞；

2.期中学习之星、进步之星、勤奋之星、文明之星颁奖；

3.期中考试学习之星代表谈学习方法，优秀学生家长谈育儿经验；

4.学生才艺展示；

5.任课教师给家长颁发奖状（颁奖词、奖项名称可是学生自己写的哦）；

6.亲子体验：朗诵《开满玫瑰花的眼睛》，分享体验感悟；

7.阅读纪伯伦的诗《你的孩子，其实不是你的孩子》。

周周，教育是什么？是激情点燃激情，是生命感动生命。

生命需要什么？需要爱，智慧的爱，纯粹的爱。当我们从教育的本质和生命的本原出发去唤醒时，教育真的可以很美丽。

奖状和颁奖词

部分学生给家长的颁奖词

最用心守护奖：邱彬怡家长

当我的笑脸像阳光，当我的梦做得够漂亮，全世界才为我鼓掌，只有你担心我受伤。全世界在等我飞更高，你却担心我小小的翅膀，为我遮挡沿途休息的地方。谢谢您，谢谢您的陪伴，未来让我们继续携手前行。

最辛勤培育奖：周文静家长

您默默奉献着自己的整个美好人生，您用满脸的皱纹及风霜来成就女儿的梦想，创造出一幅和谐优美的家庭生活蓝图。让我真诚地向您道一声：爸爸，谢谢您！

最具榜样力量奖：郑雨昕家长

你的理解，安放了我的自由；你的努力，树立了我的榜样。我妈妈最棒！

最宽容妈妈奖：吴超群家长

妈妈，你有度的宽容永远不是纵容，那是我一生前行的动力，更是我一生的幸福，有个宽容的妈妈，真好！

最理解孩子奖：吴梦萍家长

知女者，莫过于父亲，你！在我受挫时，你的安慰，是我的加油站，让我不再灰心；在我进步时，你的勉励，让我不再沾沾自喜。叹时间过得太快，太快，以前的时光不懂珍惜，一直有你我永不孤单。

开满玫瑰花的眼睛

开满玫瑰花的眼睛

是你的眼睛

是我的眼睛

是我们相映的深心

你的孩子，其实不是你的孩子

你的孩子，其实不是你的孩子，

他们是生命对于自身渴望而诞生的孩子。

他们通过你来到这世界，

却非因你而来，

他们在你身边，却并不属于你。

你可以给予他们的是你的爱，

却不是你的想法，

因为他们自己有自己的思想。

你可以庇护的是他们的身体，

却不是他们的灵魂，

因为他们的灵魂属于明天，

属于你做梦也无法达到的明天。

你可以拼尽全力，变得像他们一样，

却不要让他们变得和你一样，

因为生命不会后退，也不在过去停留。

你是弓，儿女是从你那里射出的箭。

弓箭手望着未来之路上的箭靶，

他用尽力气将你拉开，

使他的箭射得又快又远。

怀着快乐的心情，

在弓箭手的手里弯曲吧，

因为他爱一路飞翔的箭，

也爱无比稳定的弓。

五、2019 年 1 月：别样假期我做主

活动意图："不在一起母慈子孝，天天一起鸡飞狗跳"，很多人用这句话来形容青春期的亲子关系，这话虽然有些偏激，却折射出假期中亲子关系极易糟糕化的问题，特别是面对手机、电脑的使用问题时。如何帮助学生度过一个有成长、有收获的寒假，我们开展的活动是亲子共读《傅雷家书》、亲子陪伴打卡学习 21 天、完成一件创意手工作品。

活动微信推送链接（在微信公众号"杨胜丽工作室"中也可查看）

不一样的作品，请你来打分！

https://mp.weixin.qq.com/s/zRFcPteLtAG1Vek9BaVd_g

亲子陪伴 21 天挑战赛，等你来批阅！

https://mp.weixin.qq.com/s/PATLyqCiMeVmCONAevvbvQ

杨洪轩（男）的钻石画

我为坚持打卡的家长们写的 21 天的激励语

Day1：每一个优秀的孩子背后必定有位优秀的家长支持。

Day2：一个月后，一定会感激现在努力的彼此。

Day3：请坚信，每一分付出都会有收获，只是迟早的事，加油！

Day4：一代带着一代干，一代做给一代看，加油！

Day5：只要步履不停，梦想总会遇见。

Day6："放弃"15 笔，"坚持"16 笔，所以，再努力一笔哦。

Day7：只要坚持，石头也能开花，加油！

Day8(大年三十)：陪伴，最长情的告白！祝福小女成凤，贵子成龙！

Day9(正月初一)：早起的鸟儿有虫吃，新年进步！

Day10：你们的陪伴是孩子前行的最强动力，为你点赞，令孩子骄傲的家长！

Day11：再长的道路也是用脚步来丈量，多一分坚持，就会离终点近一分，加油！

Day12：成功，需要厚积薄发，要忍受煎熬，要耐得住寂寞。

Day13：成长不是一蹴而就的，哪有什么人生开挂，只不过是厚积薄发。

Day14：坚持，坚持，再坚持，直到最后成功的那一刻。

Day15：越接近成功越困难，越需要坚持，加油！

Day16：有付出，就会有收获；只要坚持，梦想总是会实现的。

Day17：积一时之跬步，臻千里之遥程。

Day18：我相信所有坚韧不拔的努力，迟早会得好报酬。

Day19：追梦的路上，有你的陪伴，孩子不孤单！

Day20：离成功还有一步，坚持哦！

Day21：感谢您 21 天的陪伴，为您点赞，令我骄傲的家长！

六、2019 年 2 月：创意开学礼

设计意图：如何给学生一个有仪式感的开学礼，减轻学生的"开学综合征"？新学期从创意红包开始。

开学礼现场

红包里塞什么？"选座位特权一次""和老班共进午餐一次""迟到免罚卡一次""课外书一本（阅后请放至班级图书角）""集五福（勤学福、孝心福、友爱福、尊师福、悦己福），赢现金 5 元"……

红包怎么领？凭完成的寒假作业和手工作品。

红包怎么兑换？请在有效期内领取或使用，不得转送和交换。

周周，当班主任，不应该只有苟且，还应该有诗和远方，也就是仪式感，你说呢？

七、2019 年 3 月：我和春天有个约会

活动意图：豆蔻年华，每个孩子都值得走进春天、拥抱春天——春游。我们分成了"春之梦想组""春之绘画组""春之色彩组""春之吟诵组""春之诗词组""春之舌

学生手绘的风筝

尖组"，各组自拟一句诗词，并按要求搜集资料、分工合作。

周周，你可能比较好奇"春之梦想组"吧，这组拟定的诗句是"草长莺飞三月天，纸鸢跋扈挟风鸣"。组员在纯白的风筝上绘画，并写上自己的梦想，然后，放飞。当风筝飞至云霄，我将线剪断，同学们高呼："我们放的不是风筝，是梦想！"哈哈，是不是很有趣？

八、2019 年 4 月：走进小课题

活动意图：近几年，小课题研究在教师行业正开展得热火朝天，由此，我引导学生从小课题入手开展研究性学习，认真观察，深入采访，勤于思考，勇于创造，并提出自己的见解，培养学生发现问题与探究问题的能力，促使学生的学习从学校小课堂走向社会大课堂。同学们就"二宝现象""垃圾分类""食品安全""停车难""寻找身边的最美""探寻杨继洲之路"六大主题进行研究，并定期进行展示汇报。

周周，当我们舍得放手给学生一个展示的机会，他们真的会还你意想不到的精彩的。

感动七班的十大人物

九、2019 年 5 月：奔跑吧，少年！

活动意图："生活中不是缺少美，而是缺少发现美的眼睛"，红五月，青春月，开展"寻找感动七班的十大

人物"活动，正是帮助学生重拾发现美的眼睛。加之，学习上，每年的五月容易成为学生学习的高原期，如何引领学生突破这一局面，就需要适时激励学生，为学生赋能。

杨洪轩的证书

周周，不去激发，我们无法想象学生的能量到底有多大。记得，当我郑重地向杨洪轩同学递上由我亲自写颁奖词的证书时，这孩子和在他一旁的母亲都热泪盈眶。就是因为这张有魔力的证书，杨洪轩在后来的学习中，比以前更加努力了，人也变得更加阳光了。

十、2019年6月: 学年大盘点

活动意图：给学生一份有特殊评语的成绩单吧，那将是一份别样的回忆。

这次，我给学生写的赠言是藏头诗。

古人励志求索苦，
月满屋梁正读书。
世人盼我行路远，
彬彬君子笑春风。

周周，你猜到我写的

暗含胡世彬名字的藏头诗

人是谁了吗？对，就是这个父母对他寄予了厚望，而他自己又不够勤奋的小子——胡世彬呢。

十一、2019 年 7 月：夏日送清凉

活动意图：培养学生的感恩意识，让学生走出空调房，为高温作业的环卫工人、警察、城管等送上一份清凉，也增强学生对劳动者的尊重与敬畏。

十二、2019 年 8 月：我为创文出份力

活动意图：2019 年正值我市创全国文明城市的攻坚之战时期，为培养学生的责任意识，开展"我为创文出份力"活动，让学生走进社区，打扫楼道、清理"牛皮癣"，和父母一起参与街角文明出行劝导志愿者行动。

周周，絮絮叨叨说了我们班 2018 学年的德育类班本活动，我还想和你聊聊学业类班本活动。

有人说，成绩是一个班、一个学校的生命线。其实，我倒认为成绩是果，是德育之根深、枝繁、叶茂后结的果。七年级的学生，学业品质方面，最需要的是静心定慧、朋辈互助、目标引领。为此，我们一学年来，在坚持小组合作竞争的基础上，开展了三大学业活动。

活动一："自习课达人"评选

"自习课达人"评选标准

自习课是我完成作业、查漏补缺、自我提高的时间，利用好自习课是我提高学习成绩、完成自己的学习目标的关键。我必须用好自习课，我会做到：

1.每节自习课我都有合理充实的计划，包含作业、预习、复习、课外练习和针对薄弱知识点的强化学习，写在便笺纸上并将其贴在桌角，不完成不罢休；

2.老师讲评作业时，我认真听讲，勤记笔记，勤订正，老师提问会举手回答；

3.自习课我一般不离开座位，除非是向老师问问题，离开座位时，我会尽量轻轻慢走，保持安静，不打扰其他同学，并向老师或值日班长汇报；

4.自习课有问题时，我会先向老师提问，老师不在时，我会下课再与同学讨论，绝不上课的时候问同学、打扰同学，做到问题不过夜；

5.我会准备好应有的学习用具，不在自习课时再去借用，影响其他同学学习；

6.我会在课前将要完成的作业放在桌角，不随意打开书桌发出声响，影响他人；

7.自习课收发作业或检查作业时，我轻拿轻放，多用手不用嘴；

8.教室里出现突然发出声音等状况的时候，我能做到专注学习；

9.当同学与我讲话时，我能做到沉默以对，不受打扰！

如果我是值日班长，白天自习课时若没有老师，我会在讲台上观察全班。有同学讲话，我会走上前去轻声提醒；有人不服从管理时，我会请他（她）到老师处说明；任课老师点名批评的同学，我会及时记录在册，并向老师及时汇报。

如果我是课代表，我会在自习课前就把作业写在黑板上，写清作业要求和上交时间；课前提醒全班，课后提醒组长，绝不因为个别人影响全班交作业的时间；自习课内少收发作业，检查作业会在自习课最后五分钟。

如果我是组长，组内有人讲话时，我会用手势提醒，不出声。

7班"自习课达人"评选选票

自习课达人	进步达人		一票否决	
本组内 2 人	组内 1 人	班内 1 人	组内	班内

活动二：数学元老院

1. 元老名单

7 班：12 名数学优秀生。

8 班：12 名数学优秀生。

2. 职责

（1）每周 2—3 次，"十二元老"轮流发布任务"元老的试炼"（基础知识与重点训练）并负责批改、订正、检查和答疑。

（2）两位元老合作共同负责一周。

（3）发布任务的元老必须明确正确解法和批改其他十位元老的作业。

（4）元老可以自主选择是否参加任务试炼。

3. "元老的试炼"任务说明

（1）每次 2—3 道大题，或者 10 道选择题，或者 5 小题 1 大题。

（2）任务完成时间为 15—20 分钟。

（3）题源：日常错题、课外资料、《教与学》例题。

（4）题型：选择、填空、计算。

（5）失败处罚：相关题型、知识点复习 15 分钟。

活动三：不狠不青春之摘星行动

1. 活动对象：7 班全体学生。

2. 评比办法：年级排名前 100 强冲进 50 强，150 强冲进 100 强，200 强冲进 150 强，200 强以后冲进 200 强获得一颗星，以此类推，越级冲强成功获得的星可累计。

3. 评比形式：每期得星较多者被评为"星尊"，三期后累计得星最多的 4 名学生被评为"星帝"（如有并列酌情调整）。

周周，感恩你我有一块可以让我们实践教学方法的试验田——我们的班级。让我们从心出发，通过开展系列化、主题化的班本活动，尽情地为孩子们撒播梦想的种子，培土、施肥、修剪，然后，静待一树花开！

你的老师：杨胜丽

12 每学年一班刊，
见证学生们的成长

周周：

见字如面。你说，你也想和同学们一起创办班刊。真好，我们班上一学年的班刊样刊，我已经给你寄出，收到了吗？现在你可以对照着样刊，我把创办班刊的过程和注意事项一一向你讲解吧，希望能对你有所启发。

一、班刊创办的意义

班刊作为班级文化的主要载体之一，它的发展在营造班级文化环境和为学生创造良好的外培环境方面起着重要作用，它给学生带来了文学启蒙和思想解放，为青春期孩子的成长留下了一份宝贵的精神财富，见证着孩子们的成长过程。

二、班刊创办过程

1. 前期动员。班刊的创办，会花费学生、家长、任课教师很多的精力，甚至是财力，取得各方的全力支持是创办的前提条件。

2. 板块的设计。召开任课教师、家委会、学生代表会议，共同商议班刊板块划分事项。坚持"家校共进、各科齐头、全员参与"的原则，班刊中应涉及每位学生的成长足迹、每门科目的成果汇报。经过商议，我们八年级的这期班刊就分为卷首语、亲子共读、经典影片、社会实践、英语风采、数理天地、他山之石、家长课堂、成长之路、推荐悦读十大板块。

3. 板块的内容。板块设计好后，如何高效地进行相应的内容分工呢？封面、封底的设计由小组提供设计方案，美术老师负责整合，选出最优方案；"卷首语"由班主任执笔，八年级的学生处于学习上两极分化的关键期、思想上的叛逆期，他们需要有更强大的力量支撑，为此，我撰写的是《用自己的力量成长》一文；"亲子共读"选了学生和家长的读后感各7篇，学生篇由语文老师负责，家长篇由班主任负责；"经典影片"是介绍寒假时校团委推荐观看的《冲出亚马逊》，该板块由团支书负责；"社会实践"是班级各组小课题研究的汇报稿，由班长负责；"数理天地"是孩子们的数学、科学小发现，由数学、科学老师负责；"他山之石"是校一、二等奖学金获得者的学习经验交流，由学习委员负责；"家长课堂"是家庭教育专家育儿方法谈，由家委会会长负责；"成长之路"记录班级一学年来学生个人和团体的各类各项荣誉；"推荐悦读"是学校心理辅导中心向师生们推荐的心灵美文，由心理委员负责。周周，这样的分工，是不是挺清晰的？

4.内容的排版。各板块内容收集好后，任课教师、家委会、学生代表再次召开会议，协商后确定最终内容。随后，班刊的排版全程由信息兴趣小组同学负责，信息老师给予技术支持。

5.费用。七年级的班刊费用是家委会会长个人友情赞助的。有趣的是，这一期的班刊在广告公司印刷时，恰逢绿洲眼镜的郑总也在，郑总连连称赞，说创办校刊他听过很多，但这么用心地创办班刊，他还是第一次见。热心的郑总鼓励我们，即使到九年级学业再忙，也要坚持创办，郑总还当即为我们预付了八、九年级两期的班刊费用呢。

三、注意事项

1.一个也不能少。周周，一个班中没有差生，只有差异，班刊是见证学生成长的自留地，不要吝啬，尽情地让每一个学生展示自己。

2.良好的育人氛围是关键。教育只有形成合力，才能多姿多彩。管理学中的自己人效应告诉我们，班主任只有将学生、家长、任课教师当作"自己人"看待，你的真诚才能换来同盟军的支持，这也是班刊得以顺利创办的关键。搭台补台不拆台，班刊的封面内页，我还特意设计了"这一年，温暖过我们的7班好老师"专版，配上任课教师们的照片和给孩子们的寄语，美美哒！

3.放手而不放任。班刊坚持"以生为本，多方协同"，尽量为学生

七年级班刊封面　　　　　八年级班刊封面　　　　　九年级班刊封面

搭建平台，只有放手，学生才能成长得更快。但放手不等于放任，教师的引领、指导必不可少。凡事预则立。三学年的班刊无论是名称、封面色彩还是版面内容都应自成体系，看，我们七年级的《追梦》、八年级的《仰望》、九年级的《足迹》都以蓝色调为主，宁静中有奔放，是不是很有诗意？

周周，创办班刊，真的是一件特别有意义而有意思的事。前些天，一群毕业多年的学生来校看望我，聊到班刊时，孩子们那高兴的劲儿，可真是眉飞色舞哦。学生家奇很激动地说："老师，你是我们的班主任，更是我们的精神导师，如果有来生，我愿一万次做你的学生。"只是很可惜，你读初中时，我们班还没能创办班刊。

周周，絮絮叨叨和你说了一系列的班本活动：每日一诵、每周一记、每旬一课、每月一主题、每学年一班刊。你有没有点心动的感觉？我一直认为班本活动是师生幸福生活的源泉。

我曾听到有老师埋怨学生没良心，毕业后不懂感恩。难道是真的吗？

我常思考，作为班主任，学生毕业离校时，你能让他带走多少美好的教育碎片？他又能如数家珍地说出几个学生时代难忘的活动？

周周，散落的珍珠并不美丽，只有串起来才成为珍贵的项链，这根线就是班本活动。当你不断地陪着孩子们尝试，欣赏着活动的过程，品尝着其中的幸福，感受着师生共同的成长，你也就能理解我当班主任的这种傻傻的自得其乐了。

你的老师：杨胜丽

第三辑

"目中有生"谓尊重

"慢"字中的"罒"，解读为"目中有人"吧。"敬人者，人恒敬之"，我们的教育主体是学生，眼中有"生"，一个也不能少，重塑价值感，堪谓尊重。

13 隔岸观火，
信任是尊重的起点

周周：

电话里，你说班级中一群女生闹矛盾，把另一个女生孤立起来了，你很苦恼，不知该怎么办。我想，孩子们在一起的时候，互相发生点小矛盾小摩擦是很正常的。班级管理中，我们不能一切包办，需要从监督者和控制者的角色中退出，要有"观火"的安然心境，该放手时就放手，把信任还给孩子，让孩子自己解决，获得自我管理的权利。

讲述一段寝室风波吧——

中午，403 寝室除娟以外另 7 个女生齐刷刷地来找我。我很奇怪，开学才一个多月，怎么就有了不可调和的矛盾，让她们忍无可忍地来我这告状。

我坐在椅子上，静静地听着那群小姑娘你一言我一语地说着。

"老师，我亲眼看到娟昨天夜里起来站在我床边，她肯定是想偷我的钱。"奇很着急地说道。

"老师,我好几次看到娟一个人在寝室里鬼鬼祟祟的,肯定是在做什么坏事。"

"老师,她没爸爸妈妈的,爸爸妈妈很早就在车祸中去世了,肯定是家里穷,想要什么又买不起……"她的室友们纷纷控诉道。

看着同学们义愤填膺的样子,我想到娟——一个沉默寡言、衣服总是邋遢不整洁的女孩。娟胆子小得令人意外,有时候我只是说话的声音大了些,她都会下意识地缩缩身子,在听到她们控诉她的"罪行"时,我下意识地觉得不可能,那个蜗牛样的小姑娘怎么会有胆量做出这些事?

她的室友说得起劲,我顺势故意夸张地说道:"哇,那怎么办?要么,我们还是直接把她隔离起来吧,等下我去和学校商量下,我记得学校里还有空寝室,你们立刻搬进去,让她一个人一个寝室吧?"

我明显没有按照她们预想的那样解决问题,小姑娘们呆愣在原地,一时间办公室里静得出奇。而我,就在原地等待。

我始终相信,每个学生的内心都是善良的。

女生霞终于开口了,很着急的样子:"老师,这样做不好吧,娟也挺可怜的。"

"对,老师,我们不搬走,算了,我想娟会改变的。"又一同学接过话。

"可是,如果大家还住一起,万一以后……"我再次故意拖长了尾音。

"老师,我们可以全寝室一起帮助她的。"

"老师,我们不走了,我们都和娟做好朋友。"同学们的语气不复方才的激烈,甚至带着一点恳求。

"那好吧,既然你们已经决定不走,现在做出的选择是大家互帮互助,那你们每个人都要对自己的行为负责。"我说道。

孩子们点点头,心满意足地离开了。

后来的很长时间,我一直在暗暗观察。

她们确实遵守诺言,再也没有来找过我,我也不曾在班里听到和娟有关的风言风语,我不知道这些孩子私底下是怎么解决这件事的,是当作不知情还是直接和娟挑明,我不得而知。

每次我去查寝时,总会看到那些小姑娘在教娟如何打理她乱糟糟的头发,她们会很耐心地帮娟把头发上的结一点点解开,把她的头发理顺,传授用最短的时间把自己打理得干净整齐的小窍门。403寝室里一片欢声笑语,好似前段时间整个寝室一起排挤娟的事从不曾发生过。她们绝口不提之前发生的糟心事,默默地用自己的行动帮助娟,改变她。这些孩子始终都是心地善良的,我想。

娟变漂亮了,这是我观察一段时间之后最大的感受,原来乱糟糟的头发剪成了可爱的蘑菇头,衣服虽旧,却干净整洁。那个小姑娘还是怕人,还是和同学说两句话就会脸红,但大家对她多了几分包容。403寝室的那些小姑娘在一起玩的时候也会带上她。

娟的学习成绩其实挺好的,除了英语,我曾不止一次听见英语老师在办公室叹气:"怎么这么努力的姑娘就是成绩上不去呢?"每一次的听写,娟都是满分,她能把每一篇课文都背熟,作业完美得可以直接展出,老师找不到原因,娟也是。回回都是八十上下的分数,瓶颈分数。这个情况我是知道的,我也想找她聊一聊,关心一下她的学习生活,但是一想起她看到我就躲的样子,我就开不了口,就怕我一个不小心因为措辞不当伤了她的心。

在403那些小姑娘来我这闹了一通之后,我不能说不担心她。娟的遭遇实在让人心疼,幼年父母双亡,被重男轻女的爷爷奶奶嫌弃,从小跟着外公外婆生活,我心里是怕的,万一那些小姑娘的帮助方法太过激烈,会不会把娟直接推入"地狱"。

好在,她们很聪明,分寸拿捏得很好。对娟而言,不谈过去一切都好商量,那她们就绝口不提那些伤心事,只提眼前的事。她们作为娟最亲近的一群人,自然知道娟平时专注学习,很少打理自己,加上家里外婆年纪大了很多地方也顾及不到,因此很多事情娟一窍不通,比如捯饬头发。为了有更多的时间读书,娟平时都不梳头,衣服干净还是脏也不关心,一心只读"圣贤书"。在这方面我不得不佩服那些小姑娘,"打蛇打七寸",她们改造的就是娟的"七寸"。

之后,她们寝室里英语成绩最好的那个姑娘开始了她们改造计划的第二步。英语可以说是娟的第二个"七寸",那个女孩子每天打着学习英语的旗号靠近娟,娟无法拒绝这种诱惑,她的英语成绩已经停滞在这个分数段很久了,她想寻求突破，无奈自身能力有限。那个小姑娘和娟一起学了一个月的英语之后，建议娟买一本听力书和一本作文书，她觉得娟现在成绩提高不了，一是听力太差，二是背过的各种好词好句用不上。娟听从了那个小姑娘的建议，每天中午来办公室练听力，一个星期两篇英语作文，从未落下。让人惊喜的是，时间久了，娟的英语成绩确实是提高了，英语老师对给娟提建议的小姑娘更是佩服得五体投地。

之后的事情就简单多了，有一就有二，在那些小姑娘的刻意为之之下，娟也不再和以前一样，处于完全游离的状态。"自由放任"下的403寝室一片生机勃勃。

但403寝室的女孩子们也有过矛盾。一次，晚上查寝，老远就听到两名女生为了一点小事吵架，我在寝室门口听了一会后，假意咳嗽两声，这时争吵声立即停了下来，机灵的寝室长带了个"稻花香里说丰年"的头，同学们就接上"听取蛙声一片"，尔后，又是一片笑声。我呢，当然没有去过问发生的事。

更多时候，403的女生们，很团结，也很守纪，学期结束时，403寝室还被评为文明寝室呢！

娟也变了，脸上开始有了笑容，上课开始会举手了。晚间，看到娟和室友挽着手奔跑在操场上，我笑了，心想：多亏了自己的"放手"。

周周，同伴是初中阶段孩子学习、模仿的主要对象。良好的同伴关系对孩子的心理健康非常重要，有利于孩子自我意识的发展，而自我意识的发展有利于孩子品德行为的发展。众所周知，孩子年龄越小，自我中心倾向越明显，随着年龄的增长以及与社会接触的增多，尤其是在与同伴的接触中，才能逐渐地建立起良好的同伴关系，从而引发自制、互助、利他行为。在发现孩子之间有矛盾、有摩擦时，作为班主任，我们应关注孩子的同伴关系，特别是最亲近的同一寝室的孩子们之间的关系，关心孩子们的喜怒哀乐，通过理解、信任、尊重，营造出浓浓的民主、和谐、宽松、愉快的氛围，帮孩子驱走成长中的烦恼，使孩子们关系和谐，健康快乐地成长。

娟失去双亲，在她身上有上进、勤奋的好品质，却也有着很多正常家庭孩子身上没有的不足。寝室,对于内向的学生来说,仅靠自己的力量，很多时候并不是那么容易融入，有时候因为种种原因，可能还会遭遇排挤。在 403 寝室出现这样的情况时，如果班主任只是开展大规模的调查或找娟询问、谈话，事情的解决可能是浮于表面的，可能还会起反作用，寝室成员的关系也绝对达不到后来的那种自律、互帮互助的"家人般的亲密"。

我采取这种"借力打力"退居幕后式的处理方法，坚定地信任每个学生的"善"，并让它发挥作用。寝室成员对娟的帮助、影响，使娟在生活习惯、英语学习、性格心态上有了质的变化。对寝室其他成员来说，这个过程，何尝不是一次成长呢？

周周,信任是"尊重"孩子的心理基础,给予孩子"自由"是实现"尊重"的路径。孩子有其特有的经验和智慧,他们的交流更有感染力。教师要有意识地为孩子们提供"自由"的机会，发挥孩子自身的力量，建设良好的同伴关系,从而解决孩子自己的问题。比如,发生问题相信学生,把问题抛给学生，让同寝室的孩子们发掘自己内心善良的一面，平心静气地解决问题，学会尊重他人，学会对他人负责，学会帮助他人。这样既能加强同学间的凝聚力，培养学生的团队意识，又能锻炼学生解决相关问题的能力，增强自主管理意识，唤起孩子内心的自尊和责任感。

当然，要想很好地完成"隔岸观火"一计，班主任必须要有一双善于观察的眼睛，要能够抓住事情的关键，用"不战而屈人之兵"的方法将事情圆满解决。你说呢？

你的老师：杨胜丽

14 集体活动，
尊重学生的民族风俗

周周：

见字如面。看到你微信朋友圈晒出了运动会开幕式列队训练的照片，我心头一酸，又想起那件深深刺痛着我内心的事——

那年，我接了八年级成绩最差的一个班，但是经过一个学期的努力，班里学生的成绩有了很大的进步。也许是太想让孩子们乘胜追击，我对他们的要求特别高，希望他们样样都能更好。

第二个学期的五月中旬，学校要开运动会了。每次运动会，学校都要进行开幕式的队列比赛，要求步伐整齐，着装统一。我一直觉得，在这样的集体比赛中取得优异的成绩，可以提高学生的士气，对学习成绩的提高也是有很大帮助的。于是，我每天带领全班学生在烈日下刻苦训练。在我的严格训练下，全班学生的步伐、气势都相当不错。我对拿队列比赛的第一名非常有信心。

开幕式的前一天，放学后，女孩晨怯生生地来找我说，她不能穿短袖的校服。那时，我低头忙着改作业，心想，如果她穿着跟大家不一样的服装参加队列比赛，肯定会影响成绩，不能因为她一个人，而使我们这么多天辛苦的训练付之东流呀。于是，我果断地说："那你明天不能参加开幕式队列比赛了，你在休息的场地上坐着吧。"说这话时，我没有看她，只听她顺从地回我："好的。"

第二天，孩子们穿上统一的短袖校服，兴高采烈地参加隆重的开幕式。全班同学踏着整齐的步伐，雄赳赳气昂昂地走过主席台前，我们班的队列获得了评委们的一致好评，当之无愧地夺得年级第一名。

我怀着激动的心情，带着孩子们回到我们的休息场地时，看见晨穿着长袖衬衫，孤单地坐在太阳暴晒的场地上，背上已经湿透，脸也被晒得通红。我心中突然觉得很不是滋味，想对她说点什么，但最后什么也没说。

后来，这件事也就这样被我忘记了。

在九年级毕业考试的前夕，晨的爸爸来到学校跟我说，他因为要回家照顾生病的老母亲，举家都要回甘肃了，所以来给女儿转学。办好转学手续，晨再次怯生生地递给我一封信，信中这样写道：

> 老师，你是一位好老师，你对同学的好，我始终记得。我记得，你的儿子生病了，你让他的外婆陪着，而如果有父母在外地的同学生病了，你却整夜陪在他身边。我还记得，上次下雪天，你看到我鞋子湿了，你去街上给我买了雪地靴，穿上暖暖的。老师，谢谢你。
>
> 可是老师，你还记得上次运动会开幕式的事吗？我们班拿了第一名，我好开心，但我也难过，因为我是甘肃回族的，信仰伊斯兰教，女孩子不能露出手臂。老师，我不怪你，只是我很遗憾我没能参加。
>
> 老师，我就要回老家了，以后我还会来看你的。

刹那间，我才明白，她为什么大热天也穿着长袖衬衫。

终究，她就要回老家了。只是留下我，紧紧地攥着这封信，任凭泪水流淌，心中无比后悔：要是当时我多问她一句为什么，要是平时我对她的关心更多一点，或许带给晨的伤害便会少一分。晨说，她不怪我，可我仍然感到无法形容的不安与深深的愧疚。我反复拨打晨父亲的电话,可是已停机了。

后来,我按照学生信息表上的地址,往她甘肃老家寄去了一封致歉信。遗憾的是,石沉大海了,因为,我一直没有收到晨的回信,抑或,她仍然没能接受我的道歉。

我也很想当面对她说这句话,但是,可能这辈子我都没有机会碰到她了……

周周,师爱的一个重要内容,是教师应该做到尽量不要伤害学生敏感的自尊心。这个故事是我教育生涯中永远的"愧"。我反思自己的行为,既然是集体活动,就应该"一个都不能少"。让这个女孩穿着不一样的服装参加队列比赛,也许会因为所谓的"服装不整齐"而扣分,但是,我相信,倘若那样,我发自内心的尊重一定会让孩子心里暖暖的,也会给全班同学上一课——关于尊重。可是,已经没有"如果"了,有的,只是警醒。

学生的自尊心就像荷叶上的露珠,晶莹剔透,非常美丽,却也摇摇欲坠,十分脆弱,需要我们小心翼翼地呵护。如果我们在无微不至地关心学生的同时,又不知不觉地伤害着学生的自尊心,那么,这好比是我们一方面热心播撒师生感情的种子,一方面又在粗暴摧残师生感情的幼芽。

尊重他人,是做人的基本准则之一,在班主任工作中,尊重也是一项重要的原则。我们的素质教育,更是强调在教育中,把人的因素,尤其是要把学生的因素放在首位。所以,作为一个优秀的班主任,就要学会尊重学生,尊重学生的民族风俗,在接手新班级时,应第一时间给每一个学生建档,内容包括学生的民族、家庭成员关系、住址等。"56个民族是一家",对于少数民族的学生,班主任要了解该民族的风俗习惯,及时与学生或家长交流,询问是否需要提供特殊关照。

周周,将"一个也不能少"牢牢记在心中时,你的眼中才开始有了学生。倘若在以后的工作中,遇到班级集体活动,请务必记住"一个也不能少",前车之鉴,请自三思!

你的老师:杨胜丽

15 助人无痕，
尊重学生的情感需求

周周：

你说，班里有个女生住院了，你了解到她的家庭经济条件还是比较困难的，想组织同学们为她捐款。首先，为你的爱心点赞，不过，我更想提醒你的是，这场捐款要"慎重开始"。我还是先与你分享一段我班主任生涯中的经历吧，那是一次以爱为名的伤害……

慧是个内向的女生，在八年级体检中，不幸被查出心房间隔缺损，需要立即住院治疗。这个消息对于慧和她的家人来说简直就是晴天霹雳，几十万的医药费对于一个农村家庭来说简直就是天文数字。

出于所谓的"师爱"，我在第二周的晨会中向全校同学发出了倡议，并组织捐款来帮助这个不幸的家庭。短短的一个星期，全校筹集了一万多元。周六，我激动地带着这些捐款和几个学生去看望病中的慧。可万万没想到，我们的到来并没有给病中的慧带去丝缕温暖：病房里静得出奇，慧很虚弱，一直低着头，沉默不语，而同学们能做的只是几句寒暄。我开始陷入深深的自责，如果之前我能帮助性格内向的慧多与同学们交流，那今天的病房将不会如此静得慌。

两个月后，慧重返校园。她还是那样缄默不语，独来独往，只是校园里认识她的同学越来越多了，更多的同学向她投去了异样的眼神，那眼神似乎给慧贴上了"有心脏病"的标签，这种眼神刺得我心痛，也深深地伤害了慧，可我真的无力去改变些什么。

又过了一个多月，慧的母亲找到我，很恭敬地向我道谢后，给慧办了转学。

慧转走了，离开了我们，也带走了我无限的思念和内疚。我很后悔，要是当初我征得慧的同意后才组织捐款，要是我能以更巧妙的方式帮助慧，慧还会被同学们当作异类吗？慧的内心还会受到这无言的伤害吗？可是，已经没有重来一次的机会了。

在别人的眼里，我是多么有爱心啊，能主动帮助学生解决生活中的困难。可是，别人异样的眼神，慧的转学，足以证明我错了。错在我仅仅以师爱的名义关心、爱护学生，却没有站在学生的角度，设身处地地理解她。我一直自责，我以爱的名义在学生慧的内心深深地划下了一道永远无法愈合的伤口，这伤口也同样深深地烙在我的心坎。

周周，作为班主任，相信你的出发点是帮助学生，但我们也应该尊重学生和家长的意愿，或许，这是学生的心病，或许，比起物质帮助，他们更需要的是师生们的精神鼓励。尊重学生，准确捕捉、把握学生的思想脉搏，切实把关心和爱护落在学生的需求上，从而真正走入学生的内心世界，那才是最深刻的爱。

简单地说，就是要尊重学生的情感需求。下面，我还想和你一起分享一则教育故事。

　　表面异常"冷漠"，从不和老师和同学们打交道，以致让大家都难以接近，七七就是这样的一个女生。是天生就腼腆，还是成长的环境改变了她？我们又该如何打开她的心门，融化这块"冰"呢？

　　升入初中的很长时间，七七都刻意躲着我的视线，眼神中很少流露出对初中生活的好奇，更多的是自卑。室友们说，在寝室也一样，她的存在感几乎为零，一个人安静地独来独往，同学和她分享零食，她也总是躲闪着摇头拒绝。我曾单独找她谈过，开门见山关切地问过：是否在学校里遇到了什么不开心的事？是否受欺负了？七七仍然躲着我的目光，一个劲地摇头，却不作声。

　　学习很努力，成绩很优异，这是七七的优点。可冰冷、缺少活力的她怎不令人心疼呢？一天，我悄悄去了七七家，见到了她的父母。七七的母亲在多年前出了车祸，现在常年卧病在床；七七的父亲听力不佳，总是提高嗓音说话。这样一个生计艰难的家庭，在他们那个小山村，受到了邻里的轻视，懂事又敏感的七七也遭受了大家的冷眼，于是她像一只小刺猬一般地保护着自己。和七七的父母聊了她的学习、性格，七七的父亲显得很内疚，一直觉得很对不起孩子。

　　望着一贫如洗的家，我脑海中浮现出小姑娘懂事而又怯生生的神情，特别心酸，小姑娘还这么小，不应该承受这些。我想帮助她，帮助这个家，又怕伤害了她的自尊心。我离开的时候，特意请七七的父母替我保密来家访的事。

　　我对七七的关注比以前更多了，也更小心翼翼了一些。

　　我偷偷地和七七的同桌小九商量，让她积极主动地向七七请教学习问题，让小九晚饭后约上七七一起打羽毛球，美其名曰同桌俩共同进步，实现动静总相宜。末了，我还承诺，如果两个人都有进步，期末一定请她们看电影，小九很爽快地答应了。

　　自那以后，小九对七七比以前热情了很多。在我的恳求下，小九每周一次跟我交流七七的事，最常说的是七七无趣，不追星、不上网，也从来没和她讨论过这个年纪的女孩子关注的衣服、鞋子，特别节约。

　　小九自然是无法理解七七的行为，她俩生活在完全不一样的世界，一个是集万千宠爱于一身的娇娇女，而另一个则过早地知道了生活的艰辛。只是在小九眼里，七七所有的抗拒都是害羞。

善良的小九为了让七七早日融入班集体，组织了班上几个和她要好的女孩子周末一起去野炊，她对父母说的却是去老师家里玩。当小九的妈妈把电话打到我这儿的时候，我才知道这件事，但我想了一会儿，还是选择替她们圆了谎。我也以此"要挟"小九，让我成了她们野炊的一员。

野炊那天，即使大家都在招呼七七一起玩，她还是一个人静静地坐在一旁看着，显得有些心不在焉。快中午的时候，同学们纷纷把包里的零食拿出来一起品尝，除了七七。她看着大家带来的各种各样的小零食，脸上露出了一丝难堪，大家都在起哄让她把带来的好东西拿出来一起分享。我刚想给她解围，她的书包却被人抢走了，包里只翻出一袋番薯干。大家显然很意外她藏着的"好东西"竟然是这么不起眼的番薯干，气氛瞬间有点尴尬。

不知道谁说了一句"这个很好吃的"，还率先抓了一根塞进嘴里，大家都愣了一下，然后纷纷试探性地也拿了一根放进嘴里。尝过味道后，大家都说好吃，一袋番薯干一下子就被抢完了，吃完还有人让七七星期一的时候再给她带点。七七脸上的小心翼翼慢慢地褪去了些许，这些姑娘把七七的番薯干抢完后，把自己的零食塞进七七的手里，还特别不好意思地说，还没经过她的同意就把她带来的零食吃完了。瞬间，上一刻的尴尬气氛荡然无存，只剩这一刻的其乐融融。

这次野炊之后，这些小姑娘对七七的态度转变了很多，经常打着吃完了她整袋番薯干的旗号与她分享小零食，七七似乎也不曾料到，一袋番薯干会有这么大的魔力。

就这样，一袋番薯干拔下了原本种在七七心里的刺，她偶尔也会和大家笑闹，不再像刺猬一样防备着所有人。七七的心门渐渐地打开了……

直到毕业后，她们来学校看我，我才知道，她们中的很多人并不喜欢吃番薯干。我一直以为我是那个渔翁，却不想让一群小姑娘给"暗度陈仓"了。

那一刻，我的心化了。

周周，家庭变故容易直接给青少年造成身心创伤，导致一些孩子的性格和心理发生变化，他们或封闭心门，或自暴自弃。这样的学生往往表面很"冷漠"，让老师和同学难以接近。作为班主任，要及时洞察学生的"不同"，并寻找背后的原因，方能"对症下药"，慢慢润泽学生的心灵，不知不觉中打开学生的心扉。

像七七这样具有孤独感的学生，找出这种孤独感产生的原因是打开她心扉的关键。七七的孤独感来自原生家庭的先天缺陷，她需要的关爱不是怜悯，而是一种真正平等的对待。一袋普普通通的番薯干，因为同学们的"需要""喜欢"而被赋予了强大的力量，它成了七七与同学们交流的最好纽带。有了这根纽带，七七的自卑心理渐渐改变，慢慢成就了一个开朗乐观、积极向上的她。

对于"不幸"的学生来说，他们往往有比较强的自卑心理，给自己套上厚厚的外壳，不让他人靠近。因此怜悯地"给予"并不能真正解开学生的心结，要融入大集体当中，他们最需要的是"被需要""被尊重"的感觉。大爱无形，真正的关爱是平等的，也是无痕的。

周周，教育不是一斤白菜两块钱的交易，而是生命气息的相互传递和生命密码的相互翻译。尊重学生的情感需求，因为他们身上都有很多的"番薯干"，都有独一无二的精神世界，我们需要去发掘、去解开这一个个生命密码。

你的老师：杨胜丽

16 把握火候，
尊重学生的情感体验

周周：

见字如面。你说，这几天你很"头疼"，班里好几名女同学"早恋"了，让你措手不及。是啊，让还没有这方面经验的你来处理学生与异性的情感问题，好像真的有些难为你了。不过，就像你说的，总得处理啊，以免引起"破窗效应"。还是先说说我的经历吧，以抛砖引玉。

去年，我带七年级。出差两周刚一回来，班长一脸紧张地告诉我，老师，不好了，班里谁和谁恋上了，谁又和别班的谁好上了！这些话，我也没放在心上。毕竟才初一的同学，懂什么情情爱爱。

一个多星期后，我又一次发现慧和隔壁班的辰出双入对，他们遇见我立刻像受了惊的兔子一样分开。这一个多星期，我看到这一幕已经有好几次，一时间想起之前班长的小报告，其中慧和辰也榜上有名。眼前的状况似乎真有些像是班长口中描述情况的升级版。我一惊，不会真是早恋了吧？如果他俩真早早地"恋"上，我该怎么办呢？我不禁为此苦恼上了。

大概是看我按兵不动,一天傍晚,我在操场散步,女孩慧兴冲冲地跑过来:"老师,我有话想和你说。"

"好啊,是有什么小秘密要和我分享吧?"看着小姑娘红扑扑的脸,我不由得起了逗弄她的心思。

"老师,我喜欢辰,他也很喜欢我。"小姑娘的直率是我不曾料到的。

"那很好啊。"我应和道。

"杨老师,你不反对啊?"我的答案让慧有些意外,她的眼中还跳跃着喜悦的火苗。这样的慧,这时的慧,我该和她说什么才合适?

思索片刻,我回答:"能让人喜欢,说明你身上优点很多。你喜欢辰,说明辰也很优秀。有这么两个优秀的学生,我很开心呢。听说,和优秀的人在一起,会让人变得更优秀。我为什么要反对呢?"我选择信任孩子,等待孩子在自己的故事里慢慢成长。

听我这么说完,慧看我的眼神,都更流光溢彩了。

"不过,老师要和你有个约定——任何时候,都得记住你是女孩子。女孩子要学会保护自己。"我还是忍不住打了针预防针,提醒慧希望她爱惜自己。

这段谈话,两个孩子拿去当了通行证。一个星期不到,两个人的"爱情故事"在整个年级都流传开来。

又过了两周,中午时分,我办公室的门被推开了。

慧不复往日的明媚,双手掩着脸:"老师,辰要和我分手了,他说他喜欢上了××班的××,老师,我该怎么办?"小姑娘说着说着眼泪就掉了下来。

我请慧坐下,给她倒了杯水让她自己先冷静一下。我要仔细考虑,该怎么和她讲这件事才能让她尽量不留下心理阴影。

等她情绪平和了一点后,我和她聊了聊他们"谈恋爱"时的事:她嫌弃食堂的早餐,辰就每天给她带早餐;她的数学不好,辰会一遍遍给她讲题目;辰在篮球场打球,慧就在一旁看书;中午的时候两人约在校门口的汉堡店……

我没有和慧去分析初中生早恋的危害,没有说辰的不好,更没有劝她放弃,而是邀请她陪我看了《早熟》这部我已看了不下五次的电影。

看完电影，慧的情绪更加激动了，她抱着我说："老师，我知道早恋不好，可我就是放不下，我就是想和他在一起。听到辰说不喜欢我的时候，我的心都快要碎了，我不知道该怎么办，又不敢和爸妈、同学说这件事，我好难过。"慧哭得像个小泪人。

我默默等她哭完。小姑娘在我刻意的"纵容"下谈了一场恋爱，看她哭成这样，我不禁想，这或许就是成长的代价吧。

我轻轻地转过她的身子，轻轻地问道："你还记得你们在一起的时候辰喜欢你什么吗？"

"记得，他说喜欢我做事认真，善良，宽容对待别人。"

"那你现在还有这些品质吗？"

"有啊，怎么就没有了？"她突然就大声了起来，说完之后还用力地点了点头。

"嗯，一个认真、善良、宽容的女孩被人喜欢很正常。好看的皮囊千篇一律，有趣的灵魂才万里挑一。可最近你的作业，字迹潦草，每周一次的值日，你也会找各种各样的理由推脱。班里的女同学和你基本都闹过别扭了。是这样吗？"

瞬间，慧的淡定再次开始瓦解，眼泪又夺眶而出："我知道这些事情是我不对。可我就是做我自己，怎么就惹人厌烦了……"

"往日里，你和谁说话都温声细语，现在的你不爱搭理同学，除了辰，可这对于辰却是一份压力，只让他生活在你俩的空间中，他会喘不过气来。姑娘，做最好的自己，花儿盛开，蝴蝶自来。聪慧的你，一定会明白其中的道理。"

慢慢平静下来的慧回到了班里。之后，我也没去问慧想了些什么，或者是和她的好朋友说了些什么。只是班里恢复了平静，她，连同她的好朋友一起，不再"恋爱"了。

我把这种等待和有些"残忍"的教育称作"趁火打劫"。

周周，恋爱不仅是正常的心理反应和行为，更是一件美好的事。18岁以下的青少年建立恋爱关系或对他人产生爱意的行为，就是所谓的早恋了。这几年来学生早恋现象不仅更加普遍，而且还开始出现低龄化的趋势。统计数据表明：不仅高中生早恋的比例居高不下，初中生早恋的比例也开始大幅度上升，甚至有些小学生都已经像模像样地开始谈恋爱了。

早恋也是恋，本来也应是美好的情感体验，可一个"早"字，点明了这类情感的不适宜。其一，青春期的少年，不是十分懂得在与异性交往时应该如何自制，如何尊重异性，也不大清楚自己这种与异性的交往会导致什么样的严重后果。很多年轻人，情感上一冲动起来就什么都不管，这样就造成了许许多多的社会问题，对家庭和个人来说都是悲剧，毁了自己的一生。其次，早恋往往具有朦胧性、冲动性和不稳定性，青少年自我控制能力不强，一旦失恋，就很可能会产生严重的失落感和不正常心态，对早恋者的心理产生持久的消极影响，严重的甚至会给早恋者成年后的爱情和个人生活造成某种驱之不散的阴影。

慧青涩的感情，从初时的悸动与美好，到后来的敏感与脆弱，这让慧陷入了迷茫和无措。幸而，介入之初的我选择了等待。这一选择，让慧在无助时想到了能理解她的杨老师——我，也给了我在她失落、失意时和她直接交流的机会，让她能第一时间面对一恋成伤的自己。

世间万物均处在不断的变化发展之中，青春期学生对于"恋爱"的体验也处在不断的变化发展之中。尊重学生的情感体验，适时巧妙点拨方能事半功倍。对于我来说，"趁火打劫"之于教育，更多可理解为把握火候和时机，用教育最美丽的艺术去感化学生或引发学生的思考，让心灵的教育深刻而持久。

　　周周，管理班级和学生如烹小鲜，把握好火候很重要。千万别操之过急，不能折断孩子们试飞的羽翼哦！

你的老师：杨胜丽

17 感恩教育，
尊重学生的情感表现

周周：

　　见字如面。你说，昨天是感恩节，你专门上了一堂"感恩父母"的班会课。从活动设计到课堂语言的组织，你都认为自己已足够用了心，也足够煽情。你特意找来了《读者》里一篇很感人的文章，读给同学们听，自己读得泪水涟涟，原以为，课堂中孩子们也一定会感动得"一把眼泪，一把鼻涕"，可有些令你失望的是，课堂上只有部分同学的表现达到了你的预设，更多的同学却毫无感觉，无动于衷。

　　周周，听着你电话里带着哭腔的诉说，我确信，你真的是很用心地策划这个活动的。正如你说，我们不需要一代有知识却无感情的学生，如果那样的话，只能是归咎于教育的失败。我深深地理解你，理解你内心深处的呐喊：在孩子们心中播撒感恩的种子！不过，今天，我更想和你聊一聊：感恩教育，应尊重学生的情感表现。

先看下面这个案例：

琪是我的一名学生，周二下午，她的舅舅来接走了她，因为琪的父亲去世了。下一周的周一，琪返校了。不过，令同学们意外的是，琪并没有满脸愁容，而是和以往一样与同学们一起打闹欢笑。私下里，就有几个爱嚼舌根的女生议论道："琪真是白眼狼，爸爸去世了，居然一点都不伤心。"这话传到了琪这儿，如晴天霹雳般轰向了琪，姑娘双手捂着耳朵，哭着跑回了家。

周周，你怎么看待这事？事实上，琪是个非常懂事的女孩子，在她四年级时父亲就已经中风在床，为了让妈妈安心地上班，她几乎承包了家里所有的家务，每天下午放学，她都急匆匆去幼儿园接妹妹，然后回家做饭，并给父亲喂饭。琪说，父亲是家的精神寄托，父亲在，家里的这片天还在，可现在父亲不在了，母亲整天以泪洗面，妹妹常呆呆地站在爸爸的床头。琪说，自己是家里的长女，如果她不坚强，这个家片刻就塌了，她要说服自己，她要安慰妈妈。琪说，她也悲痛，也怀念父亲生病前一家四口的幸福时光，她只能在夜深人静时偷偷地哭泣。周周，我们能说，琪不懂感恩吗？她真懂事得令人心疼呢。

由此可见，是否有感恩的心，不应该看表象，每个学生的情感表现会有差异。因此，对于感恩教育，我呢，大体从认知、情感、实践三个层面来开展。

一、认知层面培养学生感恩于心

充分发掘教科书中的感恩教育教学资源。重温教科书中所表现的"恩",它们是丰富多彩的,有自然之恩、父母之恩、祖国之恩、社会之恩等。《只有一个地球》引导学生感受自然之恩,感念自然之恩,从而形成热爱自然、保护自然的意识,学会和大自然的生灵和谐相处;《慈母情深》引导学生感念父母之恩,明白要孝敬父母,听父母的话,不让父母为自己的成长过分忧心;《难忘的一课》等课文能让学生感知祖国情、民族义,感念祖国之恩,从而培养他们热爱祖国、报效祖国之心。面对这一篇篇文质兼美的课文,对其内涵的挖掘是实施感恩教育的有效途径。因为每一篇课文所蕴含的感恩内容不同,所以每一篇课文结合施行的感恩教育方法也各异。既可以从不同人物入手,让学生变换角色,体验给予他人善良、同情、仁爱、恩情之后的快乐,让学生知道给予是快乐的、幸福的,感恩是快乐的、幸福的,又可以从感悟语言文字所蕴含的保护生命、尊重生命、关爱生命等内容入手,让学生感受对生命的珍重,对学生进行感恩教育。

二、情感层面陶冶学生感恩之情

感恩教育是一种以德报德的道德教育,是一种情感活动,要引导学生学会从生活中发现自己是受恩惠的,由此产生回报恩情的冲动。报恩,是感恩的第二个层次,以情动情,以情感人,陶冶学生的道德情操,引导学生用语言、行动报答对自己有恩情的人,学会如何去报答父母、老师、朋友、他人、学校、国家和社会等。

观看感恩影片《妈妈再爱我一次》《背起爸爸上学》等,使学生懂得感恩是做人之本,是快乐生活之源,使学生更加深刻地明白父母的苦心……这些影片能切入学生的心理世界,激发个体心灵共鸣,促使学生对某些事情产生更深刻的情感体验,强化他们的感恩心理,增强他们的责任意识,培养他们健康高尚的道德情操。

环境是无声的教育场,对学生能起到潜移默化的作用。为此,我还营造了适合感恩教育的班级氛围,让学生在这样的环境中得到熏陶。此外,根据学生的个性、特长、活动方式,让学生自由组合成几个小组,各组根据搜寻的有关"感恩"的信息进行艺术创作并展示。

1. 讲述"感恩"故事。在班中开展以"感恩"为主题的故事会,让学生用优美动听的嗓音、丰富的肢体语言进行演讲,以此来弘扬中华民族的传统美德。

2. 创办"感恩"小报。小报记录学生有关感恩的所见所闻,使所有学生耳濡目染。

3. 编排"感恩"节目。让学生自编、自导、自演小品、相声、课本剧、歌舞等,将文化艺术融入感恩活动中,让学生身临其境,从中得到熏陶。

三、实践层面引导学生感恩于行

"知者行之始,行者知之成。"实施感恩教育的目的,就是要让学生知恩于心，感恩于行，能用实际行动来报答父母，回报师长，报效祖国，回馈社会。因此，我积极引导、教育学生将感恩之意化为行动，从小事做起，将感恩之行落实在日常生活之中，惠及更多需要帮助的人；让学生主动地把自己当成家庭、学校、社会的主人，积极承担责任，为社会贡献力量。

1. 结合节日，开展活动

一些节日是对学生进行传统道德教育的良好时机。如在 3 月 12 日的植树节号召全体学生感恩大自然，植树种草爱护花木；在 3 月 22 日的世界水日倡议学生保护水环境，珍惜水资源，节约每一滴水；在清明节开展以"缅怀革命先烈，感恩幸福生活"为主题的讲述革命先烈故事、朗诵纪念诗词活动；在 4 月 7 日的世界卫生日教育学生爱护校园环境和社区环境，养成良好的卫生习惯；在母亲节和父亲节组织学生观看电影《暖春》，并开展以"爸爸、妈妈，你们辛苦了"为主题的亲情家书评比活动；在全国助残日号召学生理解残疾人、关心残疾人、帮助残疾人；在 9 月 10 日的教师节开展以"师恩难忘、师情永存"为主题的感谢师恩、尊师爱校礼貌周活动……

2. 融入生活，感恩于行

让学生感恩于行不应该只是哪一天的应景之作，而应是每天的必修功课。我的具体要求如下：

（1）每天上下学遇到老师主动打招呼，放学回到家主动向家人道声好。

（2）为父母减轻负担，在家中承担起力所能及的家务，如洗碗、扫地、洗衣服等。要求孩子们每星期至少做一次家务，并且持之以恒地做下去。

（3）说说感恩故事。用心感受日常生活中父母、老师、同学甚至是陌生人对自己的关爱，说一说这样的故事来表达自己的感恩之情。

（4）写写"感恩"信。

这些"感恩活动"，从感性的品评到理性的思考，再到心灵的碰撞，让孩子们经历了深刻的体验过程，心中蓄满了深深的感恩情结，并释放自己的感恩之心。

周周，人生的杠杆是精神，精神的支点是感恩，愿你能尊重学生的情感表现，放慢脚步，润物无声，播下感恩的种子，与学生一起聆听花开的声音。

你的老师：杨胜丽

18 自主发展，
放手是最好的尊重

周周：

见字如面。暑假快乐,在忙啥呢? 前段时间热播的电视剧《小欢喜》,你追了吗? 为师闲来惬意,也懒懒地追了一回,此剧引发了我的一些思考与共鸣。借此,想和你聊聊。

一、学校的放手，奠定教师的职业幸福

很多观众关注更多的可能是三个家庭在各自孩子高三这一年所经历的种种喜怒哀乐,但职业使然,我还关注到了孩子们就读的那所学校——春风中学,以及学校里的两位老师。

春风中学仅仅是北京市一所区重点中学,但一流的办学条件让人惊叹。可给我印象最深的、最打动我的是剧中几个高三孩子的老师。年年被委以重任、担任高三年级主任的李萌老师,因其出了名的"严格",

被学生们戏称为"铁棍"。李老师不仅教书教得棒，对年级管理、班级管理更是全身心投入。她外表严格，而内心却有着对学生无尽的爱心与责任心。她可以为了学生，牺牲自己所有的业余时间，甚至可以暂且放下个人的爱情。

剧中很多细节让我为之感动：李老师每天早上都早早地站在学校门口迎接学生们的到来；为了给学生们上课、批改试卷而忘记吃饭，最后因低血糖而晕倒被送到医院；时刻关注孩子们的一言一行，一发现问题及时跟家长进行非常有效、有针对性的沟通；为了抓孩子们的学习，她在高三开学伊始就在年级推行晚自习授课老师答疑制，并率先垂范。她一心扑在高三教学和管理上，带领高三团队顽强拼搏，最终春风中学的高考光荣榜十分惊艳。李老师的优秀得益于她高尚的职业素养、热爱教育的情怀，还得益于春风中学优质的、科学的精细化管理以及给老师们创造的宽松、愉悦的工作环境和人文环境，这些都能极大地助推教师特别是青年教师的快速成长。周周，你所在的学校一直以来也很重视教师的成长，请记得，在拼命工作的同时，别忘了尽情享受教师职业带来的幸福感、成就感。

二、父母的放手，决定孩子的一生格局

剧中三个进入高考备战期的家庭，都抱着"一考定终身"的想法，陷入了无比焦灼的状态，由此引发的问题也接踵而至。

方家，家庭气氛轻松和谐，家庭教育较为成功。但由于家长之前的

过度放松，孩子的兴趣、特长不在文化课学习而在音乐舞蹈。于是，"恨铁不成钢"的妈妈童文洁和"没有压力"的儿子方一凡，因学习矛盾冲突不断……最后，父母尊重其特长，方一凡选择艺考，积极向上。

乔家，单亲妈妈宋倩控制欲过强，对女儿乔英子的兴趣爱好、职业选择武断干涉，凸显了单亲家庭教育的缺陷。

季家，"空降父母"季胜利和刘静的突然关怀，让从小被养在舅舅身边的季杨杨无所适从，父子间小心翼翼的相处并没有换来"和平"。

《小欢喜》中方一凡的表弟林磊儿是学霸，学习目标明确，学习动力强劲，故成绩优异；乔英子有理想，学习积极主动，但由于母亲过分约束而抑郁，成绩一度下降；方一凡和季杨杨成绩差，缺乏动力，但各有兴趣爱好，因家庭变故而发奋学习。

最后，"第一次做父母"的家长和刚刚迎来成年的孩子，因为不同的家庭教育方式和情感交流产生误会，但正是这些"历不完的试炼"，让每个家庭都在爱、理解与放手中学会成长，迎来属于自己的"小欢喜"。

三、教师的放手，成就孩子的自我成长

潘帅老师所带的班级是年级所谓的差班，但潘老师非常有方法，特别善于发现学生身上的闪光点。如他知道季杨杨喜欢赛车，他就经常跟他一起聊赛车，并鼓励他以后上大学去选择与之相关的专业；他注意到方一凡有舞蹈表演的天赋，就建议家长让孩子尝试艺考这条路。最终两个孩子均如愿以偿，在高考后实现了各自的专业梦想。

正是因为潘老师没有扼杀学生的兴趣爱好，放手让学生在感兴趣的领域钻研，孩子们才得以拥有自己不一般的精彩。

周周，教育之下，学生也是要靠自己的力量成长的。

记得，袅袅八年级下学期从外校转来时，特别文静，却非常抵触学习。自习课时，袅袅常常独自在本子上画些漫画，每次看到我进班时就会匆匆卷起。当我开门见山直接问袅袅时，她直言自己想学美术，但爸妈不同意，她就连文化课也不想学了。最喜欢的东西被剥夺，她彻底失去了学习的兴趣。

解铃还须系铃人，心病还须心药医。我决定重建她的希望。我问她是否真的想学画画，是否真的肯为画画付出。她郑重地点点头，并发誓自己可以为了画画尽最大的努力。于是，我到办公室拿了最近几年各个高中中考特招生的相关文件，递给了她。

"老师，我想学，你有办法让我继续学画画？"袅袅几乎颤抖着哀求道。"那要看你的行动，有行动后，爸爸妈妈那我可以帮你沟通。"我淡淡地说。

袅袅开始有变化了。上课时，她会抬起头直视老师；老师提问时，她犹豫不决地想要举手；学习讨论时，她结结巴巴地想要发言；做作业时，她能把会的都做起来……

一学期很快过去了，我见证了她所有的变化，后来袅袅的父母同意让她继续画画，袅袅又重新拿起了画笔。

袅袅为什么要"抵触学习"？袅袅对画画的喜爱，是她的自尊心、上进心的源泉，是她自我教育的精神力量。袅袅的家长却固执地按照自己的想法为她规划人生，忽略了她是一个独立的生命体，有自己的兴趣、爱好和选择。硬是切断她释放生命力的媒介，也就是切断了她自我教育的精神力量，于是她放弃了自己。我以画画为切入点，以只有先努力学习，才能拿起画笔画画为路径，唤起袅袅的自尊心，打开了她自我教育的源泉，激发了她努力的动力。我相信，当她受生命能量的驱动再次挥笔作画，畅快淋漓地抒发自己的内心时，她是自由的，快乐的。

周周，一个孩子，只有当他的精神力量使自己变得更好、更完善的时候，他才能成为真正的人。这种力量就是对自我的教育。而我们能做的就是，做学生生命的引航人，倾尽所能地帮助他们，促使其成长，把每个生命引到一定的高度。

放手，亦是别样的美丽！

你的老师：杨胜丽

第四辑

陪伴相随有温度

"慢"字中的"又",解读为"陪伴相随"吧。班级就是一个以学生为主体,家长、任课教师为同盟军的成长共同体。而教育正是一个陪伴学生不断试错、改错并成长的过程,在这个过程中,大家相互温暖,一起欣赏沿途的风景。

19 严中有爱，
让学优生更优秀

周周：

　　见字如面。你说，今天早上在办公室看到这样一幕：女生是隔壁班的语文课代表，语文老师批评她前一天的作业上交不及时，姑娘便梨花带雨委屈地哭着要辞去课代表这一职务，这下，可把去年才开始工作的班主任王老师弄得措手不及。

　　周周，如果是你，会怎么处理呢？今天，我想和你聊聊班级管理中，对待学优生的策略。

　　学优生，谁都爱他们。也正因为如此，学优生的缺点往往容易被忽视、掩盖，被原谅、袒护。但小的缺点也会造成大的隐患，对这类学生，我从不宠坏他们，更不迁就他们，而是时时提醒他们"做学问得先做人"，做一个正直的人、热情的人、向上的人。

　　一天放学后我在办公室改作业，一个女生跑来告诉我："老师，小琳哭了，安同学弄坏了她的书包。"我一听，第一感觉就是小琳受欺负了，因为她是班干部。我急匆匆赶到教室，发现两本书掉在地上，小琳在一旁哭着，一脸委屈的样子。我对安严厉问道："你为什么弄坏小琳的书包？"安平时很老实，没想到他大声答道："她先撕掉我的书。"从他的语气中，我感到小琳应该也有理亏的地方。于是，我把两个人带到办公室了解事情的来龙去脉。

　　经过谈话，我了解到事情的起因是安对其他同学吼了一声，影响到旁边写作业的小琳，小琳就把他的书扔到地上，而他也跟着把小琳的书包扔到地上，导致小琳的书包带断了。听完他们的讲述，我感到安大声喊叫固然不对，但班干部小琳先扔人家的书未免过于冲动。于是，我先把小琳叫到一边，问她："作为班干部，你认为你自己该为班里做什么事？"她答道："管好纪律，做好榜样。"我接着问："那你今天的表现是否达到作为班干部的要求？"听了我的话，小琳低头不语。我趁机引导："同学吵到你，扔你的书包是不对，但你自己又做错了什么？"她沉默一会说："我不该扔同学的书。""敢于承认错误是一种可贵的品质！"我及时肯定她的表现。我接着说："你不能动手扔人家的书，更何况你是班干部，你的一举一动同学都看在眼里，你这样做很容易带坏同学。更严重的是，以后你在同学们心目中的形象会受到损害，同学们不会信服你这个班干部，你以后怎么管同学？"说到这里，我见小琳脸上已露出惭愧之色，我话锋一转："当然，人无完人，做错了事能承认，并且能真心改过，还是老师心目中的好学生。"听到这里，小琳抬起头对我说："老师，我知道错了，我以后会改。"

　　经过这件事，我更加深刻地认识到：学优生不单纯是学业要优，更重要的是人品要优，心胸要广，心理要健康。

一、思想教育永远摆在第一位

要管理好一个班级，最重要的是培养这个班级团结协作的精神。良好的思想，才可以造就良好的行为品质。对待学优生，我从来不会偏爱。学优生也是班级的一员，我会教育他们，让他们明白：你为集体奉献了多少，你就可以得到什么，没有付出就没有收获。在参与学校的各项活动时，我非常强调团结协作的精神，对平时任务的分工也非常详细和具体。对于优秀的孩子，我会和其家长沟通，询问是否愿意让我培育孩子的管理能力。即使是收本子这样很小的事，真要做好也是讲究方法和行为能力的。多数家长都希望，老师能重点地全方位地培育他的孩子成为优秀的人才。做班干部，就好像以后做领导，是负责统筹的人。优秀的孩子都非常聪明，往往都希望自己能做班干部，当他们接下任务后，我就开始我的培训计划了。

二、以身作则做榜样

对这些学优生，委以重任后要引导他们形成以身作则的思维，让他们懂得要管好别人，就要自己先做好的道理。打扫卫生，自己把脏活干了，别的同学还会不听你的分配吗？有些孩子心高气傲，不愿意被成绩比不上自己的孩子领导，分配任务也不听，于是我让他们做领导者。当我发现他们在管理过程中，他们分配的任务其他人无法完成的时候，我就引导他们去思考：你做到了多少？他们对你服气吗？为什么不听你的呢？孩子反省后，为了管理好其他人，慢慢地就会以身作则，做好榜样，使自己负责的事情变得顺利。优秀的孩子都要做了，何况其他孩子呢？他们更不好意思偷懒了。现在的孩子，最喜欢要求平等了，很多事情都要衡量一下才愿意去做。

三、奖罚同等公平待遇

在学习上，学优生是无须操心的，他们有自己的学习习惯和一套学习方法，作为老师，我会让孩子们互相介绍学习经验，尽量使得全班的成绩能拉平，稳步上升。在品德方面，我也要求公平对待，错了学优生要一起接受惩罚，对了学优生也一起接受表扬，没有特殊，没有例外，没有照顾。

四、照顾面子协调分歧

学优生接受的批评少，所以我们在教育他们的时候，事先或者事后都要私下对他们进行思想上的疏通，让他们在事后懂得分析自己的行为，分辨事情的对错，把心态摆正。错的改正，对的发扬，只有在不断进取中才会获得尊重和认同。

周周，学优生常常被人赞誉，对于这些孩子，我们要给予他们理智深沉的爱，严格要求，常敲警钟，这样他们才能克服自身的弱点，扬起风帆前进。你说呢？

你的老师：杨胜丽

20 三剂良方，
让中等生能自信

周周：

　　见字如面。接着前一封信，今天我想和你聊聊班级管理中最容易被忽略的一个群体——中等生。他们占班级总人数的 70% 左右，是占据着班级最大比例的群体，却往往由于其优点不突出、缺点不明显被教师忽视。他们往往对自己评价过低，可能存在自卑抑郁、焦虑反常等心理问题。教师通过沟通、评价、赏识等措施辅导中等生树立自信，健全心理，养成良好的习惯，这对班级建设具有举足轻重的作用。

　　教师如何捕捉中等生亮点，开展针对性辅导呢？下面，我给出我的三剂良方吧。

一、克服自卑树信心

美国思想家爱默生说："自信是成功的第一秘诀。"缺乏自信心的人会低估自己的人生价值，在学习上没有进取的决心和动力。自信心是人生重要的精神支柱，是成功的先导。日本教育家田崎仁的调查研究表明：有三分之一的学生是因为缺乏自信才导致学习成绩不理想。因此，教师帮助学生建立自信是首要任务。

首先，深入了解中等生。作为班主任，我们要深入了解他们，包括他们的家庭、性格、学习习惯等各方面情况。在课堂上，教师要善于发现学生的闪光点，哪怕是他偶尔一个端正的姿势。每个学期之初，我都要学生写下自己的学习计划、目标。班里的张欣在自己的计划中写道：我要改正自己交作业不够及时的缺点；要向班长学习，积极参加学校组织的各项活动……这是一个默默无闻的女生，声音甜美，课上很少举手发言，但是知识点掌握得不错。看到她写的这几条计划，我专门找了她，肯定她的目标，帮助细化她的目标，让她争取每堂课都能举手发言，并提早把歌咏比赛、故事比赛的活动告诉她，鼓励她参加。

其次，正确评价中等生，帮助其明确自己的优势和长处，及时给予肯定或表扬。中等生对自己的评价往往过低，办事不自信。班主任在班队课等课堂中要以积极性评价为主，以发展的眼光看待他们，鼓励他们，使他们找准自己的位置，正确评价自己；通过各种活动，使他们体验到成功的快乐，树立自信。

二、因材施教巧辅导

对于中等生的进步，教师要及时予以肯定。如何引导学生继续努力，保持上进的动力，需要教师的细心观察。

一次，办公室里，我正在询问两个学生的基本情况。小林身为课代表却经常不交作业，没有起带头作用，这不，考试成绩都在中下水平了。只见他垂着头，一副知错的样子。他经常拖欠作业，每次老师盘问他原因，他总是徐庶进曹营——一言不发，等回去又是外甥打灯笼——照旧。他身边是小婉，这是一个长得特别清秀的女孩，人很文静，笑起来一脸灿烂。她的成绩属中等偏下，最近她的作业总是在进步，考试名次的进步幅度也很大。当我宣布要小婉担任课代表时，小婉咬了咬下唇，然后腼腆地笑了。走出办公室，我看到小婉欢快地小跑在前头，小林的步伐却显得沉重，被落在后面。

"尺有所短，寸有所长。"在中等生明确了自己的优点和缺点后，教师要正确引导学生树立远大志向，正所谓"志不立，天下无可成之事"。中等生往往觉得学优生的突出表现是不可企及的，所以他们一般都把眼光投向差生，导致自身动力不足，拖沓有余。在考试这根指挥棒的影响下，教师也会不由自主地把中等生与学优生进行比较，这容易挫伤学生的积极性，给他们带来心理阴影，影响学生的心理健康。这就对教师提出了更高的要求。

学会"厚此薄彼"。对于上课默不作声的乖学生，教师往往会搁置一边，因为课堂需要学优生的活跃表现，学优生的回答会使教师的授课过程显得流畅、严密。但这样一来，整个课堂也许就成了学优生的舞台，中等生则担任了忠实观众的角色。因此教师要改变自己平时的习惯，学会"厚此薄彼"，即厚中等生，薄学优生，让中等生来开口说话，学优生则可以担任评价者的角色，为更多的中等生创造锻炼的机会。但老师们又有疑问了：有的中等生坐在那一声不吭，站起来还是回答不出问题；有的胆量又不够大，坐着时会的，站起来就掉肚子里了。这就需要教师做到下面这一点。

学会交心沟通。不活跃、内向、文静是中等生的普遍性格特征，对于这类学生，教师要与之多沟通，以好朋友的身份有意无意地向学生了解情况，并且适宜在不经意的场合交谈，打消学生的防御、排斥心理；逐步引入正式话题，让学生找出自己沉默的原因，帮助其找到克服的途径。现在学生一般都有QQ，教师在QQ上以好友的身份与学生沟通交流，避免了学生直面教师的紧张气氛。我所带的班级还建立了QQ群，有什么事情通过群也可以传达，或者在班级网页上留言，发电子邮件给我。我为学生开辟了各种沟通途径，正所谓沟通无极限！找到症结所在，教师就要督促学生有意识地改变自己的不良状态，从一个眼神、一次举手做起。我给他们定了两条规矩：一是每天要正视老师打招呼一次，一是每天任意找一位老师说两句话。这是练胆的有效途径，坚持下来的同学现在都能够主动和别人交流了。

学会"置之不理"。中等生由于其特质，往往容易被差生拉下水，有时候要适当地指引他们，有时候则可以"置之不理"。一些中等生做出不良举动，正是希望得到老师的眷顾，哪怕是批评的声音。也有的中等生会在中途反省自己的行为，及时采取有效措施，力争上游。

三、管中窥豹多鼓励

罗丹曾经说过："生活中不是缺少美，而是缺少发现美的眼睛。"中等生没有醒目的优点，有时候突然出现的闪光点也如流星般难以捕捉。教师要学会管中窥豹，以其一点点亮丽的斑纹作为切入口，用放大镜欣赏他们的优点，使他们感受到教师对他们的肯定和鼓励，为他们后续的优秀表现奠定心理基础。马克·吐温曾经感慨："只靠一句赞美的话，我就可以充实地活上两个月。"名人尚且如此，更何况是我们的学生？我在班级中制定了一些考评规章，通过学生争章等评比活动，以数据来显示学生的进步情况，做到有进步就表扬，有凭有据，有案可稽。

教师的教育是阳光行为，让阳光照射到每一个角落是我们追求的目标。中等生就像是悬浮在水中的物体，他们需要教师的激励，才能浮出水面，跻身上游之列。中等生又像是干涸的土地，他们需要教师的滋润，才能融合自己的身躯，成为万物生长的沃土。中等生更像一艘搁浅的小船，他们需要教师的助推，才能遨游在浩瀚的海洋，驶向成功的彼岸！周周，你说呢?

你的老师：杨胜丽

21 巧用书信，
让后进生跟上队

周周：

后进生，我觉得可以用"后来进步的学生"代替人们对它"差生"的理解，大教育家苏霍姆林斯基也曾经智慧地把"后进生"称为"别具特点、与众不同的孩子"。

教育的最高境界应该是走进心灵的教育。所谓"走进心灵"，就是让孩子的心灵有所感动、有所醒悟，最终在行动上有所改变。作为班主任，面对这样一个特殊的群体，我喜欢用书信和这些孩子交流。

一、书信交流，在恰当时进行

在日常的班主任工作中，许多老师都会碰到这样一类后进生：性格内向、不善言辞，但心思缜密、自尊心强。他们虽然对老师没有强烈的抵抗情绪，但面对老师时，要么一言不发，要么问什么答什么，甚至有些只用点头或摇头来答复。面对这样的学生，有时候面谈或谈心并不是心灵沟通的最佳方式，此时此刻，书信交流便成了师生对话的合适途径。

我班里的一个学生小虎成绩中下、性格沉闷、心思细腻、不善交流，更让人头疼的是，他上课几乎没认真听讲过，还特别不爱上英语课，经常做一些与课堂无关的事情。有一次，他因为在课堂上看漫画书而被英语老师罚站一节课，了解情况后我找他谈了心，批评了他。虽然整个谈话过程中他只用了三次点头和两次摇头来回答我，但最后他也表示要改正，并下决心以后不再犯了。可第二天，他又因在课堂上临摹漫画人物被英语老师请到我面前。当时，我真有一种"恨铁不成钢、烂泥扶不上墙"的无奈之感，同时我也明白前一天的努力算是付诸东流了，所以，就没有谈心的必要了。最后，我压下心中的怒气，没有多说什么，叫他自己回去好好想想。

当天，我就给他写了一封短信——

小虎：

　　见字如面。因为我是你的朋友，所以请允许我这样称呼你的小名，也希望你不要介意。今天，当我知道你再一次违反课堂纪律时，我真想狠狠地骂你一顿！平日里，你犯了不少的错误，我也没少批评你，还多次找你谈心，你好像也深刻反省了，但结果是你没有多大的改变。今天，我再次分析了你的学习情况，觉得你并没有什么大的品质问题，无非就是喜欢看漫画书，超级追捧那些漫画人物，以致分了心，最终影响了学习成绩。其实，我觉得这两者之间是不矛盾的，如果处理得好还可以相互促进。还记得我们第一单元学过的课文《小苗与大树的对话》吗？文中季爷爷小时候的读书方法建议你再去看看，相信会对你有帮助的。另外，我还希望你以强大的毅力改掉坏习惯、克服困难、战胜自己！

　　祝你

找回自信，超越自我！

朋友　杨老师

写完后，我把信用信封装好并在放学时悄悄地塞进了他的书包。两天后，我收到了他的回信——

杨老师：

　　您好！收到您的信我既惊讶又开心，惊讶的是老师竟然会给学生写信，开心的是您把我当成了朋友。我这人就是这样沉默寡言，其实我内心还是希望和大家交朋友的，但每次话到嘴边就咽下去不知道怎么说了，所以，我很喜欢您通过写信的方式和我聊天，就好像两个知心朋友一样。我知道自己屡次违反课堂纪律是不对的，让您为我操心了，在此向您说声"对不起"。说实话，读完您的信后我也为自己的所作所为感到后悔，第二天我就跟英语老师道歉了，希望在这里能得到您和英语老师的原谅，也希望你们能帮我改掉坏习惯，同时，我也会尽自己的努力每天进步一点点，争取早日战胜自己！再次感谢您的帮助和教育，谢谢！

　　祝您

身体健康，工作顺利！

学生　小虎

信件里面的寥寥几句道出了他丰富的内心世界，书信交流让外表看上去难以沟通的他和老师不再无话可说，甚至愿意侃侃而谈，这真是一个美好的开始。

二、书信交流，在等待时继续

苏霍姆林斯基说："人的心灵是一种非常脆弱的东西，后进生的心灵更是如此，我们要极其小心地对待，就像对待玫瑰花上摇摇欲坠的露珠一样。"对于后进生来说，老师给他写信或许只是开启了他的半扇心灵之门，而他给老师写信，才是完全敞开了心灵之门。至于学生是否要回信，则是完全取决于学生自己的意愿，而不是碍于老师的情面。

那是在我和小虎的书信交流进行得一帆风顺的时候，突然有一天，我发现没和以往一样收到他的回信，第二天、第三天甚至以后的一个星期，都没有他的回信。我觉得自己和他的交流并没有出现岔子，但忍不住开始多想，这孩子真的太不懂事、太没礼貌了，枉费我之前对他一番苦口婆心的教导。就在第二个星期批改周记时，我意外地看到了这样一段话——"老师，原谅我这几天的不礼貌。还记得那天的'藏书'事件吗？其实，您冤枉我了，同桌的书不是我藏起来的，而是我前面的小润藏起来的，他是想和我同桌开玩笑，但是他过后又忘记把这事和我同桌讲明，加上我以前也把同桌的书藏起来过，接着就造成后来的'藏书'误会了。当时的我听到您的严厉批评真的是非常气愤，决定和您断绝书信来往。这些天，我们学习了课文《卡罗纳》，文中的人物让我的心灵受到了触动，我觉得自己为了这点小事而失去一个关心我的好朋友真的是太小心眼、太不值得了。回想您一直以来对我的鼓舞和勉励，我真的很后悔自己的所作所为。在这儿向您道歉，希望我们和以前一样交谈、交心！"

看着这些话，我真的很欣慰自己当时没有一意孤行，否则，自己之前与他的一切交流真的就付诸东流了。因此，当教师在信件送出而未收到回信时，不应当面对面质问或是指责学生，反而应当放宽心，耐心等一等，同时尊重和保护学生的隐私权和自主选择权，这样，才能使书信交流继续进行。

三、书信交流，在平等时升华

在和后进生进行书信交流时，双方始终应该是绝对平等的。交流中，学生可以向老师咨询，老师也可以向学生请教；老师可以向学生表达期望，学生也可以向老师提出建议。双方可以展开坦率的讨论甚至激烈的争辩，但是，都不应该把自己的观点强加给对方。即使教师的信件是目的性很强的教育引导，字里行间也不应该有任何强迫接受的意思，仍然只是朋友之间的一种诚恳的指正和劝勉。

走进学生的心灵不容易，走进后进生的心灵更是困难。书信交流当然没有立竿见影的效果，但是可以看出，它的确触碰到了学生的心灵，让学生和老师成了亲密无间的朋友，彼此打开了心扉，走进了彼此的心灵。

"教无定法，贵在得法"，后进生的转化是每一位教师都要面临和深思的，转化后进生的策略更是千变万化、多种多样的，需要每一位教师智慧地运用一些教学策略。更重要的是，我们要转变观念——后进生不是"问题学生"，更不是"差生"。一位教师倘若能始终坚信"后进生就是后来进步的学生"，并时时牵起他的手和大家一起走，那所有的后进生都能幸福，都能在过程中体验进步，在进步中成功，在成功中体验快乐。

你的老师：杨胜丽

22 精准帮扶，
隔代教育创特色

周周：

你说，今天开学第一天报到，新接手的这个初一班，居然有近一半的同学是爷爷奶奶送来的，这样的情景让你有些担心以后的班主任工作开展起来会更加困难。的确，随着城市化和工业化的快速发展，"隔代监护"作为一种特殊的监护方式已逐渐变为我国农村地区儿童的主要监护形态。

隔代教育作为一种客观存在的家庭教育方式，对孩子的个性发展有着极大的影响。不可否认的是，隔代监护人对孩子的成长有着有利的影响，比如，与父母相比，祖辈拥有更丰富的人生阅历，在长期抚养和教育孩子的实践中积累了丰富的社会阅历和人生感悟，对孩子各阶段的发展特点也了解得更准确。但因为祖辈教育能力不足、孩子与父母的情感隔阂等因素，部分隔代教育的孩子性格倔强、安全感不足。

　　周周，下面跟随我的摄像机看几个镜头，我们一起分析、诊断，看如何精准帮扶这些家庭吧。

镜头 1

　　放学时，校门口经常出现一道特殊的风景线：孩子像一群快乐的小鸟一样奔向各自的守护者，爷爷心疼地取下孩子肩头的书包，轻轻一甩，落到自己的肩头，爷爷摇身一变成"书童"；孩子无物一身轻，边走边玩，还光顾路边的小吃摊、玩具店，爷爷在后面亦步亦趋地跟着。每次见状，老师都忍不住上前问道："你为什么不自己背书包？"孩子见怪不怪，理直气壮地回答："爷爷不让背。"爷爷则不以为意地回答："这点书，我背起来轻松的，对孩子来说确实沉了点。"一旁的奶奶说："有时候我不想背，可孩子习惯了，一放学就把书包扔给我。"

　　诊断——孩子缺少锻炼的机会。

　　隔代教育往往会过度保护和包办代劳，忽视劳动教育，这样一来，会使孩子劳动观念淡薄，缺乏劳动技能。祖辈把一切都包办了，孩子在这样无微不至的关怀下生活，看似幸福，背后却暗藏隐患，久而久之，会产生强烈的依赖性，即使将来长大成人，也离不开别人的照顾。克服包办得注意以下几点：

　　（一）加强沟通，达成共识。充分利用现代信息资源，加强祖辈、父辈的沟通与协作。隔代抚养和教育与父母亲自抚养和教育各有利弊。要解决这些问题，需要两代家长的共同努力。父辈要跟祖辈沟通，教孩子自己的事情自己做，让孩子做一些力所能及的家务，学习一些生活技能，以此来培养孩子的生活自理能力。

（二）鼓励劳动，健全人格。监护人要时常提醒孩子积极参加学校的集体劳动，做班级的主人，学会自觉为别人服务，这对于锻炼孩子的动手能力、团结合作能力都至关重要，这样的孩子不至于唯我独尊。

（三）转变观念，与时俱进。学校免费发放一些图文并茂的书籍，并公开放映一些有教育意义的影片和录像，为隔代监护人及儿童提供正面的、积极的榜样；组织开展家庭教育咨询，或者定期开展座谈会、经验交流会，让隔代家长们交流心得体会，共同进步，给孩子成长提供好的环境。

镜头 2

小江从小跟爷爷奶奶住在一起，不管孙子有什么要求，爷爷奶奶都是有求必应，想方设法尽力满足。结果，小江成了家里的小霸王。父母难得回来一次，小江总是目中无人，只要父母纠正其错误，他就开始拳打脚踢，谁都不能和他争。父母教育孩子时，爷爷奶奶就在一旁庇护，指责父母的不是，生怕小江挨打。最后，哪怕爷爷在小江去洗手间时给电视换个台，他都暴跳如雷。

诊断——孩子存在人格障碍。

对孩子的溺爱是一种爱的本能，然而，溺爱对心灵的成长毫无帮助，所以不能算是真爱。在上面的案例中，爷爷奶奶对小江的恶劣行为视若无睹，纵容小江的坏习惯，让小江从小就不懂得尊重长辈，心中只有自己，肆意妄为，这样的爱不管表面看来是多么富有牺牲精神，也是懒惰的，缺乏思考。祖辈要突破自己的放纵障碍，就要注意以下三点：

（一）疼爱有度，科学育人。祖辈要理智控制感情，分清爱和溺爱，要爱得适度和有原则,是非对错立场坚定,赏罚分明。父母在教育的时候,祖辈不可越位,不当孩子的保护伞,尊重孩子父母的教育方式,树立父辈的威信,不让隔代亲胜过父子情、母子情,两代人努力为孩子创建一个和谐开放的新型家庭环境。切不可说类似下面的话:别怕,我去跟你爸妈说;没事,爸爸看在奶奶的份上会原谅你的;你爸妈不要你了;你爸爸小时候还不如你呢……

(二)爱得适度,严得合理。很多祖辈,觉得孩子的父母常年在外,孩子可怜孤独,所以总在物质上给予补偿,但这样反而增强了孩子的占有欲。所以祖辈应该有所为有所不为,不可盲目满足孩子的要求,要让孩子学会知足,学会分享。

(三)重视心灵,激活情感。在校时,我们要重视学校的情感教育、道德教育,以及对留守儿童的自我教育,让心理辅导课走进农村学校的课堂,减少隔代教育对孩子身心健康的影响,激活孩子情感交流的欲望,培养孩子健全的性格和积极向上的心态,为孩子的身心健康保驾护航。

镜头 3

小轩的父母常年外出打工,家中由爷爷监管,生活还算宽裕,所以小轩每次都在家教那完成作业。爷爷觉得有家教的管理就可以高枕无忧,但事实是孩子无心上学,整天应付。每次检查作业,小轩都被点名批评,每次老师与爷爷沟通,爷爷总是一句话回复:"我都叫他认真做的,他就是跟他爸爸一样没有读书的天赋,脑子有的呢,以后赚钱不愁的!"

诊断——隔代教育忽视学习。

由于时代不同，老人的知识和思想观念有些已经落后，由他们抚育孩子，有时效果未必好，所以接受"隔代抚育学习"就完全有必要了。对于"隔代家长"来说，无论有无机会专门学习，都应该自觉学习新的知识。特别是在培养孩子的理念上，老年人一定要跟上时代步伐。建议有三：

（一）不断学习，更新知识。老人要当好"隔代家长"，就必须不断接触和学习新知识、新事物，才能对孩子的健康成长发挥积极作用。学校定期开展隔代教育相关的讲座和家长开放日活动，让祖辈也走进课堂，和孩子一起感受学校的教育。大家交流困惑，家校合力，出谋划策，提出建设性的解决方法，拓宽视野。

（二）课后服务，解决困扰。学校开展了课后服务课，解决了老人们的燃眉之急，但老人应该从思想上重视孩子的学习，不可给孩子灌输负面思想，要积极正面引导，改变自己几十年来形成的思维定式和生活方式，善于运用科学的、有创新性的方式引导孩子，告知孩子学习的重要性。

（三）走进网络，了解动态。利用现代化手段，帮助祖辈解决孩子的辅导问题。在父辈的帮助下，让每一位隔代监护人都有一个微信号，建立微信群，群内交流主要以语音为主，照片为辅，尽量不出现文字。祖辈在群里反馈孩子在家的情况，老师每天在群里反馈孩子在校学习情况并给予祖辈指导和帮助，做到一天一反馈，一天一改进。偶尔也可以让孩子参与其中，比如读一读课文，录音给爷爷奶奶听，让爷爷奶奶也来点评一下；可以让孩子当小老师，带爷爷奶奶读一读；也可以让孩子将自己的心情日记分享给大家，这也是沟通的一个有效途径。最后，三代人重视学习，共同进步，与学校教育理念同步，形成家校教育合力，让孩子得到全面的发展。

周周，俗话说得好："家有一老，如有一宝。"让我们充分利用隔代教育去丰富家庭教育，让孩子快乐地成长，让年轻父母去开创自己的事业，也让祖辈有所寄托，实现三代共赢的美好理想。让隔代教育成为一种特色教育，通过学校、社会与家庭相互配合，合力构建新式的隔代特色教育，促进孩子健康成长。

你的老师：杨胜丽

23 适时缓冲，
让转学生早融入

周周：

新学期好！你说班里转来了两个新同学，希望我能给你些建议，以帮助这两个孩子尽早融入班集体。

周周，为师为你的爱心点赞！的确，转学生刚到一个陌生的环境，不熟悉周围的一切，不仅要适应新老师的教学方法，还要适应新的同学，对新环境存在着戒备心理，内心存在着不安和恐惧。这种心理如果得不到及时的关注和疏导，对于孩子的心理健康不利，他们的成绩可能也会逐渐下降。

我认为目前学生转学的原因大致有三种。

一是父母工作变更。就我校目前的转学情况分析，转学生大部分都是省外转入，大多是因为父母来本地工作，家中无人照顾而转学。这部分孩子之前所学的教材与我们不同，这成了我们教学工作中的一个大难题。

二是父母因感情不和而离异，孩子随父或随母回乡就读。这部分孩子往往因之前父母的感情问题而在心理上受到过伤害，在学习上多数表现为无兴趣，需要教师的正确引导。

三是家长希望孩子得到更好的教育。这部分转学生的家长大多对先前就读的学校有偏见，常常不经孩子同意就擅自替孩子转学，孩子自然而然会有抵触的情绪，这也就造成了孩子转学后的不良表现。

根据马斯洛需求层次理论中的安全需求可知，在没有给一个孩子完全的人身安全保障的时候，一切教育都是没有任何意义的。大多数的转学生带有无奈、怨恨、无助、焦虑、担心等情绪问题，他们需要教师的关爱和帮助。在美国研究者托马斯·赫尔姆斯和理查德·瑞对各种事件压力值的排序中，"学校改变"位于第 31 位，可见转学对孩子来说，并不一定是一件快乐的事情。那么该如何增强转学生的自信心，使他们尽早地融入班集体呢？我认为应从四方面入手。

一、沟通信任：培养一颗安心的种子

我们班的小王同学因为父母的原因，从安徽老家转学到本地。开学第二天，语文课一下课，语文老师就非常无奈地对我说："这孩子是怎么回事？拼音都不会，叫他站起来回答问题当作没听见，气死我了，这样的孩子我不教了，也教不了。"说实话，听到这样的话，身为班主任的我也很惊讶。我一边安抚语文老师，一边对小王给予了更多的关注。第二天课间，我把小王单独叫到办公室，和他沟通。我问他："喜欢我们的新

班级吗？"小王毫不犹豫地点点头。我接着又问："那为什么昨天的语文课，你没有认真听讲呢？"小王竟号啕大哭："昨天我爸妈吵架了，新爸爸说我不听话，总给他惹事情，还说不要我了。邻居同学也欺负我，说我听不懂本地话，不和我玩。"我顿时觉得心疼。作为一个七年级的孩子，既要面对新的家庭，还要面对新的学校，周围的一切对他来说都是陌生的，他该是多么不知所措，多么孤单啊。从此以后，我把更多的注意力和关爱放在小王同学身上，并且召开了班干部会议，动员学生一起帮助小王走出困境，适应新环境。果然，一周之后，小王非常高兴地对我说："老师，我真喜欢现在的生活。"

一次心与心的交流，一场师与生的沟通，不仅帮助孩子走出了转学的孤独，还缩短了师生间的心灵距离，双方建立起深厚的师生情谊，这是多么喜人的收获。

二、表扬激励：打开孩子心灵的钥匙

苏霍姆林斯基说："世界上没有才能的人是没有的。问题在于教育者要去发现每一位学生的禀赋、兴趣、爱好、才能等。"老师要给予学生肯定和表扬，燃起其乐于参与集体活动的热情。

还记得开学报到时，班里来了个特殊的男孩——杨文。说他特殊并不是因为他长得特殊，而是因为他的行为令人诧异。每次上课铃声响起，同学们都端端正正地坐在自己的位置上等待老师来上课，而杨文却是钻到书桌底下。无论你怎么跟他沟通交流，他就是懒得搭理你。后来我从

他的邻居处了解到，杨文的父母感情不好，三天两头地吵闹、打架。每次父母打架，杨文就会因为害怕钻到桌子底下躲起来。了解到这些以后，我想我应该尽快帮助孩子从这种精神状态中解脱出来。课堂上我总会找各种理由表扬他：比如表扬他虽然在桌子底下，但也听得很认真；表扬他作业本上的字写得越来越漂亮了；表扬他今天很早就到学校了，还帮助老师打扫办公室呢；等等。课后，我暗示班里的孩子尽量多跟他一起玩，帮助他走出孤独。终于有一天，当我走进班里时，我看到杨文不是躲在桌子底下，而是端端正正地坐在座位上，我的心里真的乐开了花。我知道表扬对他起了作用！

　　教育可以是块荒地，到处散发着萧条和颓唐的气息；但也可以是方热土，到处飘散着自由和成长的空气。我庆幸自己当时没有大声斥责杨文，庆幸自己给了孩子更多的时间适应新环境，正是这样的"缓冲时间"才让我收获了惊喜。

三、细心引导：照耀花朵的阳光

　　哲学家曾说过："要想除掉旷野里的杂草，方法只有一种，那就是在上面种上庄稼。"同样，要想让幼小稚嫩的心灵安心，唯一的办法就是用美德占据它。

　　班里有个孩子叫小江，开学已经一个多月了才从老家转学过来。记得语文课上老师说："小江，请跟我读'shàng'。"小江慢慢地从座位上站起来，也学着说："小江，请跟我读'shàng'。"这令全班同学都大笑不止。

课后通过了解，我才知道原来这个孩子存在语言障碍。接下来的日子，我通过观察，发现他一点也不愿意跟同学交流，只愿意生活在他自己的世界里。于是，我开始利用课余时间给他补习口语，告诉班里的孩子课后多和他沟通。这样的日子一直坚持了一年。功夫不负有心人，在一次分餐中，小江非常清楚地对我说："谢谢你，老师。"当时我激动得流下了泪水。

"随风潜入夜，润物细无声。"现在我深深地体会到了教育的真谛。作为班主任，我深深地感觉到，面对眼前一朵朵迎风的"桃花"，我们要掌握好"温度""湿度"，把握好"风向""风力"。教师肩上的责任重大！作为教师，你应该关注每个学生，善于发现，这样才能真正走进孩子的心里。

四、集体教育：孩子成长的土壤

集体是个人成长的沃土。有意识地为转学生创设参与集体活动的机会，能拉近他们和同学的关系，促进他们尽快地融入集体。面对一个积习难改的学生，就要发动集体的力量。在我所带过的转学生中，有一个孩子给我留下了深刻的印象。他叫辉。开学第一周，老师布置的家庭作业他只完成过一次，无论任课教师如何教育甚至是批评都无济于事。可这还不是最糟的。令老师难以接受的是几乎每时每刻都有孩子来汇报辉的"丰功伟绩"：他和班里的谁打架了，他扯破了谁的衣服，他随手把垃圾扔得满地都是了……身为班主任，听到这样的话确实会恼火。但多年的工作经验告诉我：要冷静。后来我们在班主任培训会上就此事商讨出一个办法：让全班学生每人给辉写一封信。

　　我把同学们写的信装订好给了辉。辉看到一半时竟然哭了起来，然后，他哽咽着对我说："老师，如果我改了一身的毛病，同学们会喜欢我吗？"我看着他坚定地说："只要你改了，你就是我们的骄傲。"从此以后，辉像变了个人似的……集体的热心帮助如阳光，照亮转学生眼前的道路，为他们指明方向。班主任在转学生的工作上就要做一个"点子王"，头脑里要有一套灵活多变的班级管理方法，帮助转学生克服当前的难题，找回他们曾经的自信与快乐。

　　周周，我们的转学生也是有血有肉的灵气孩子，只要你能够耐心地等一等，多给他们一点"缓冲时间"，相信再顽固的"石头"，也能开出最美丽的花来。

　　　　　　　　　　　　　　　　　　　　　　你的老师：杨胜丽

24 四个意识，
师师同盟有合力

周周：

　　见字如面。此时，我正在去河南漯河讲学的路上，看到你发给我的邮件。你说，你今年接了新的一届七年级，真替你高兴，送走了第一批学生，学校还让你承担班主任工作，可见，过去的三年，你的班级管理是得到学校认可的。可是，你说，这学期任教你班语文的老师，以前你听其他同事说不太好相处，言语中，我感觉到了你的缕缕担心与不安。周周，下面我想和你聊聊班主任与任课教师的相处之道。

一、统一思想意识，应团结，常协助

　　一个班级组建以后，班主任和任课教师就组成了一个团队，几个人在一起共事是一种值得彼此珍惜的缘分。周周，班主任是这个团队的精神领袖，这里所说的精神领袖指的是，班主任应该有一个明确的教育理念和治班思想，并通过沟通就自己的这些理念和思想与所有任课教师达成共识，然后尽可能落实在行动上。只有这样，一个班才能成为真正的优秀班集体。所以，班主任和任课教师的关系首先是一种志同道合的协作关系，建立这种关系需要不断沟通，统一思想认识。

班主任有时候就是消防员，关键时候要能顶上去，平时哪个老师有事需要换课、调课，我们都应积极协助。记得刚毕业的小毛老师在我们班任教时，由于经验不足，学生成绩相对不太理想，这难免招来部分学生和家长的非议。我们在任课教师会上商议，一方面安排小毛老师在自习课上辅导学生，另一方面利用各种场合宣传小毛老师名校毕业的求学背景和敬业精神。经过大家的齐心努力，学生和小毛老师都有了很大的进步。

周周，"铁打的营盘，流水的兵"，当送走一届学生时，我们教师之间也是充满不舍和感激。一个班级的任课教师是班主任工作的有力助手，班主任一定要有服务意识，切实帮助和关心任课教师，营造班级任课教师之间互帮互助的良好气氛。

二、树立主导意识，识大体，顾大局

班主任是一个班级的大家长，班主任的带班理念、风格决定着一个班的班风。班级中一般有五六名任课教师，大家对同一问题的认识难免会有不同。可是，面对学生教育问题，要是大家思想不统一，学生便无所适从。久而久之，班级凝聚力势必会减弱。因此，班主任要适时发挥班级管理的主导作用，综合班级各任课教师的思想认识，协调班级的管理策略。

比如，我们经常碰到这样的情况，期末复习阶段，各个任课教师都会有意无意地多占时间。时间一长，英语老师说科学作业太多，科学老师抱怨语文老师占用教室，这样误会就产生了。那么，班主任该怎么办呢？我呢，通常每学期会在开学初、期中后、期末迎考前召开三次任课教师会议，会上，我们会商议、确定自修时间段的安排、各科作业的布置规定，并切实督促执行。

当班主任看到任课教师的付出，并及时地予以肯定，加以协调，误会便能消除。当教师的心往一处想，劲往一处使，班级整体战斗力便提高了。

三、深化桥梁意识，有帮助，常关心

班主任是任课教师与学生、家长之间的桥梁。相对来说，班主任对班级学生的情况比任课教师了解得更全面、详细，因此班主任要多和任课教师交流沟通学生的情况。

比如，七年级刚开学没多久，我便注意到有个男生性格特别内向、敏感，后来了解到，他五岁时因为家庭的变故，便一直和叔叔一家住在一起。长期的寄人篱下，使得他性格格外孤僻。我和任课教师针对这个男生的实际情况，关心他的学习、生活，又不让他感到自己和别的学生不一样，帮助他顺利地完成了学业。

又如，有一次科学老师在班级群里公布了没有完成周末作业的同学的名单，原本这是非常常见的事，可是有位家长却气呼呼地在群里@科学老师，要她公

班级大合照

开道歉，说老师侵犯了孩子的隐私权。周周，如果你是班主任，你会怎么处理呢？我呢，第一时间与家长进行了交流。首先，我认同了他的法律意识，共情了他因为孩子没完成作业而被公开批评的难为情。当家长情绪平静之后，我进一步阐述了家校共育的重要意义，以及任课教师的教育初心和目的。最后，我请求家长在班级群中向科学老师道个歉，表示他刚才是一时冲动，我呢，还及时地跟帖，表示理解和谅解。就这样，我轻松地搞定了这件事，让家长不至于难堪，更让任课教师有尊严地教育学生。事后，我与这位科学老师进行了沟通，表示对学生的批评不宜公开，私发通知家长为好，科学老师也认可了。后来，班级中再也没有出现过家校之间不愉快的事了。

四、增强欣赏意识，多鼓励，能真诚

周周，"未见其人，先闻其名"，学生进校的始业教育，班主任一定

要精心准备，在学生面前把任课教师好好地夸一番。关系先于教育。当我们用欣赏的眼光看待我们的任课教师时，便在学生心中埋下了一颗友爱、钦佩的种子。

班主任由于平时和学生交往更密切，所以往往更容易被学生关注和尊敬，相比之下，任课教师则容易被学生忽略，感情相对要淡一些。班主任可以和学生讲讲任课教师的敬业态度、教学业绩等，让学生也像爱班主任一样爱所有任课教师。

学生为教师设计的奖状

还有，我们可以为任课教师准备点"小确幸"，比如：天冷了，给他们送上暖手宝；家长会，可邀请任课教师为用心的家长颁奖；学期结束时，可让学生为任课教师设计"专属定制"版奖状……

周周，和任课教师搞好关系，不是一种技巧，更不是一种圆滑，而是我们发自内心的对任课教师的尊重。教师是一个特殊的群体，"文人相轻"的氛围或多或少仍然存在。班主任处理好

学生为教师绘制的卡片

和任课教师的关系，可以减少内耗，让师师同盟形成合力。我相信，你也可以做到的！

你的老师：杨胜丽

25 共同成长，
家校沟通无障碍

周周：

见字如面。你问我，班级管理的终极目标是什么？姑娘长大了，真不错，越来越会思考了。可是，仁者见仁，智者见智。我的班级在努力打造"教师—学生—家长"三方协同的成长共同体。下面是我的一些做法，也与你分享。

一、用心筹备家委会

班级内组建家委会，家委会成员进行内部分工，合力协助班主任管理班级，可以极大地提升家校合作的效率，为班级日常教育教学活动的有序正常开展增添助力。

1. 前期铺垫——家访

班主任在开学前都会收到每个孩子的报名信息，上面都有家长的详细信息。进行第一次家访时，在与家长的交流中，及时记录家长的特点（例如家长的性格、工作性质、言语举止、对孩子学习的重视程度等），头脑中大概可以筛选出一部分比较适合的家长人选。

2. 招聘家委会成员

班主任要向家长们传达想要建立家委会的信息，请家长们踊跃参与，可以通过哪些方式呢？

（1）微信群发公告。公告内容一方面要表达成立家委会的愿望，另一方面要简单说明对参与家委会的家长的要求。比如：

尊敬的家长：

您好！

我班要成立家委会，岗位分别有会长、副会长、财务组、宣传组、活动组、采购组、后勤组，满足这三个条件的家长（热心班级事务，时间充裕，有一技之长），可主动向我报名，并且备注适合岗位。期待着您的积极参与！

（2）家长会宣传发动。家长会上，所有的家长欢聚一堂，是最适合宣布事情的时候。这时，除了公告中的内容外，可以比较详细地向家长们介绍一下组建家委会的价值和对孩子的好处，以及其他学校或班级建立家委会的情况，相信更能调动家长们参与的积极性。

（3）写一封给家长的信，可以请孩子们带回家给爸爸妈妈。信的内容不必太复杂，与家长会上需要说的大同小异，只是文字简洁、通俗一些，情感真挚即可。告知家长要建立家委会的消息之后，相信会有不少热心的家长报名参与。但家委会是由部分家长组成的，因此，就需要有一个选择成员的阶段。

3. 召开会议，正式成立家委会

班主任组织召开第一次家委会会议，宣布家委会正式成立，这可是一次标志性的会议。家委会第一次会议通知,包括了会议地点、会议时间、会议主要议题三部分。会议主要议题可以参考以下内容：

（1）家委会正式成立，讨论《家委会章程》；

（2）听取班主任的学期班级工作计划，讨论家长如何积极做好配合工作；

（3）家委会给班级工作提建议。

以下是我班的家委会岗位分工表，供参考。

会长	1人	总体负责组织协调家委会的各项工作；召集家委会委员，精心策划、制订计划
副会长	1人	协助会长组织好各项工作，筹备和组织富有教育意义的活动，如每学期一次的校外实践活动；统筹安排家长志愿者

（续表）

组长	4 人	紧密协助班主任做好班级管理工作，执行力强，工作效率高，在小组群积极传播正能量
财务组	2 人	负责班级的财务管理，严格财务管理制度，及时做到财务公开；协助会长、副会长、班主任完成一些临时性事务，有效管理各项支出
宣传组	3 人	负责班级的宣传工作，如活动摄影、图片制作、美篇制作等，由会长统一安排
采购组	3 人	货比三家，挑选性价比高的进行采购
后勤组	3 人	协助会长、副会长做好班级活动的事前和事后处理工作：一是负责安排爱心妈妈工作、周日晚上安全提醒；二是负责检查安全平台作业；三是负责学生生日提醒

二、精心组织家长进课堂

将校外的家长资源和校内的教学资源进行有机融合，摸底调查每个家长擅长的领域，以此作为学校课程建设的辅助资源，极大地扩充了学生的活动和思维空间，增强了学生的综合素质。

1. 组织家长进课堂活动前

（1）在家访时就要对班里家长的职业进行摸底，了解他们的职业特点。

（2）学期初通过家长会让家长了解家长进课堂活动的组织内容、形式、意义，并通过活动案例，让家长明白，这是一个家长和孩子一起学习的过程。可以设计邀请函鼓励家长主动报名。

（3）班主任可以主动出击，邀请非常愿意成为志愿者的家长参加。

2. 组织家长进课堂活动时

（1）班主任主动与家长沟通，让家长知晓活动的环节、形式，确保活动质量。

（2）引导家长在课前对自己的孩子进行模拟教学。

（3）班主任做好配合工作，全局掌控课堂上的活动进程。

3. 组织家长进课堂活动后

（1）带领孩子对活动表示感谢,让家长感受活动对于孩子的学习价值。

（2）展示家长组织活动的照片，在全体家长面前表示感谢和肯定。可以制作美篇，进行班级宣传。

（3）学期末对于参加活动的孩子家长给予特殊表彰。

家长进课堂活动，让孩子们接触到课本、课堂之外的知识与信息。一年来有不少家长来学校给孩子们上过课，内容有绘本故事、异国风情、美食制作、探秘消防等。

三、匠心组建家庭合作学习小组

为了提高整个班级的做事效率，将全班学生及其家长按照学生的学号分成4个小组，个别学生可以适当调整，以保证每个组的总体学习能力差不多，并且每个组选一位能力突出的家长当组长（组长也属家委会岗位）。班主任牵头，以家委会成员为重要媒介，组建家庭合作学习小组，带领其他家长积极参与其中。依托家庭合作学习小组，开展家庭阅读、校外的拓展实践活动以及学校的节日假期教育，为培养优秀的小贤士提供了极为肥沃的土壤，为老师排忧解难、统计数据、传达信息起到了良好的辅助作用。

四、巧心成立家长智囊团

这是借力家校合作共同体的重中之重。班主任事先要对家长有一定的了解，知道哪些家长热心班级事务，然后时不时地和他们聊聊班级现状，引导他们参与到班级管理中，组成家长智囊团，为我们的班级管理献策献计。

如之前班里有位特殊的家长，比较厌世，对学校教育有些不同意见，和各科老师沟通起来比较困难。家长智囊团的成员知道这件事后，就决定去这位同学的家里家访，和他们聊家常，聊学校生活，提供力所能及的帮助。家访一般都是老师去学生家里，这次家访不同，是家长去家访，更容易获得这位家长的认同感。这位家长在家长智囊团的带领下也越来越融入班级这个大集体了。家长智囊团的助力，为孩子们创造了一个更积极向善向上的教育教学氛围。

周周，借力家校合作共同体，可以使家校共育协调一致，目标明确。但愿，这对你有所启发。

你的老师：杨胜丽

26 分享陪伴，
手机离手不困难

周周：

　　见字如面。你说，有好几位家长向你诉苦，每到周末他们的孩子总是"机"不离手，你也发现下课时有同学讨论游戏等话题，甚至真人再现手机游戏的内容。可是在智能化时代，孩子的学习有时也是离不开手机的。比如学习任务打卡、查阅资料等，都需要手机。显然，孩子与手机完全隔绝是不可能的，那么怎样和家长一起引导孩子合理地使用手机呢？我的做法如下。

一、乐分享——手机转移

　　对孩子的教育离不开家长和老师。中小学生的自我约束能力不足，每当他们向家长索要手机时，家长应该提高警惕。但是我们又不能拒绝孩子的合理要求，更何况，还有老师布置的任务要完成。我们知道，手机只是完成学习任务的一种工具，要让孩子把注意力转移到学习上，而不是手机上。

俄罗斯教育家乌申斯基曾精辟地指出："注意是我们心灵的唯一门户，意识中的一切，必须通过它才能进来。"注意是指人的心理活动对外界一定事物的指向和集中。人具有的注意的能力称为注意力。注意力可以转移。所谓转移，是指个体对某个对象的情感、欲望、态度，因某种原因无法向其对象直接表现，而把它转移到一个比较安全，能为大家所接受的对象身上，以减轻自己心理上的焦虑。当孩子的注意力一直在你的手机上，怎样将它转移呢？其实孩子的心灵是美好善良的，只要我们打好"感情牌"，就能巧妙地转移孩子对手机的注意力。学校会经常布置打卡任务，比如英语朗读打卡、语文朗读打卡，还有查阅资料等。这种短时间使用手机的现象，在平时的学习生活中是经常会出现的，如果你一味地把手机扔给孩子，什么也不管，等想起来再来拿回手机，那就"惨"了，孩子就是这样学会了"玩手机"，这样的机会实际是家长给孩子创造的。打卡是每天坚持的一项活动，而且时间不长，一般只需要几分钟。要求孩子在家里完成，老师是希望家长能起到一个监督的作用。

所以，家长在孩子完成任务的过程中，应该参与其中，与孩子一起完成任务，分享孩子成功的喜悦，让孩子在你面前展示并夸赞孩子，让孩子享受"爱"的沐浴。孩子在这个过程中，与父母对话、交流，父母的鼓励、赞许会带给孩子丰富的情感体验。长此以往，孩子收获的是学习的乐趣、学习的动力、学习的责任感等。孩子对手机的注意力，被家长用"情感"转移了方向，从而有效地避免了孩子"误入歧途"。

二、多陪伴——手机"快闪"

孩子的成长离不开父母：离不开父母的陪伴，离不开父母的关爱，离不开父母的鼓励，离不开父母的信任，更离不开父母的用心栽培！在疫情期间，孩子每天要上网课，手机伴随孩子的时间很长、很久。而从老师收到的作业来看，孩子有无父母陪伴，其作业质量是不一样的。

我班里有一位小吴同学，他在上学期期末考试时每一门功课都是倒数，是班里让人头疼的人物。可是在家里上网课期间，他的作业质量非常高，学习态度也非常好，得到了所有任课教师的一致好评。我打电话给他爸爸，发现他爸爸是每天陪着他听课，辅导他做作业。他爸爸自己还要上班，但还是坚持每天陪伴孩子上主课，孩子的进步特别明显。小吴每天用手机上课，在这个过程中，随着他的每一次成功，他渐渐地沉浸在获得学习成果的喜悦和兴奋中。这一切的背后是父母和孩子的共同努力，真是令人骄傲啊！一方面，在长时间使用手机的过程中，学习的成功体验促进了小吴的成长；另一方面，小吴的爸爸每天挤出休息时间辅导孩子学习，展现了家长的责任与担当。在这个过程中，孩子根本就不会注意到手机，手机"快闪"了。

三、巧"锻炼"——手机脱手

孩子们各有各的特点，这就需要我们老师进行"统筹"，才能发挥出这些孩子的能力。其实我们都知道，学习不仅仅是课内的，还要有课外的，孩子回家的空余时间正是孩子课外拓展、能力提升的时间，应该让孩子有效地"动"起来，绝不能让这些时间被手机"占领"。

一般来说，孩子也不会每天都需要使用手机。在完成家庭作业以后，剩下的时间就是他们的空余时间。如果这一部分时间被浪费在玩手机上，那就得不偿失了。因此，回家后的空余时间成了我们"管理"手机的关键，但家长往往是没有意识去思考这方面的问题的。这时，我们可以给孩子布置一些课外的"作业"，比如对高年级的同学，老师可以布置"请在本周进行一次学习活动"的"作业"。我们还可以布置"请在这个星期里与同学跳大绳三次""请在这个星期里与父母做一次亲子游戏""请在这个星期里累计跳绳 2000 个"等"作业"，让孩子在活动中获得锻炼和成长。

周周，手机带给孩子的影响是长久的，我们要有意识地引导孩子在学习生活中正确使用手机，让孩子在心灵上和情感上远离手机的诱惑，渐渐地在思想上形成手机只是学习工具的意识。这样才能消除手机带给孩子的不良影响。

你的老师：杨胜丽

第五辑

且行且慢且艺术

教育，是一种慢的艺术。班级管理中，以"慢"的心态来对待，陪着孩子慢慢地走，慢慢地欣赏孩子的成长，慢慢地陪着孩子长成参天大树，何尝不是一种快乐和收获？教师的自我成长，何尝不是一样呢？

27 转弯艺术：
转角风景别样美

周周：

见字如面。今天是我汽车驾龄满 10 年的日子，也是我担任班主任工作的第 10 年。10 年里，我从驾车伊始经常磕磕碰碰，班级管理伊始亦是狼狈不堪，到后来驾驶技术慢慢提升，班级管理也逐渐上道，现在驾驶技术娴熟了，班级管理也摸索出了自己的方法。

班级管理犹如汽车驾驶，不是吗？班级常规管理犹如汽车行驶在笔直宽阔的公路上，偶发事件的处理就需要班主任运用转弯艺术——转弯前减速、转弯中匀速、转弯后加速。

一、转弯前减速，稳定学生情绪

去年九月份，我就遇到了至今难以忘怀的尴尬场面：吴同学被全班一半以上的孩子指认有校园霸凌的行为。当时，他涨红着脸，紧握着拳，从桌子上一把抓起尺子扔向前方以表达自己的愤怒。看着吴同学的表情，我赶忙给他找台阶下："同学们，你们没有理解什么是霸凌现象，同学间的矛盾引起的争端不是霸凌哦。吴同学可能还不知道怎样以一种正确的方式和别的同学相处。"我的话暂时缓解了班级里的紧张气氛，吴同学也慢慢地恢复了平静。

　　如果没有很好的干预措施，人的负面情绪是会增加的。长此以往，人便会把负面情绪囤积在心里，导致自尊心受挫，严重的会产生心理疾病，引发各种各样的反社会行为。吴同学的易怒就是一种负面情绪的表现，我必须要疏导他的负面情绪。我从前任班主任处了解到，吴同学是一个喜欢用拳头解决事情的学生，别的同学只要惹到他，他一言不合就用拳头说话。有一次我的讲台桌抽屉被锁住，可是钥匙找不到了，抽屉里面有一份我急用的资料，于是我想到了吴同学："老师的讲台桌抽屉打不开了，钥匙又找不到，老师知道你力气很大，你能帮帮我吗？"吴同学拉了几下，抽屉就被他拉开了，急用的资料终于拿出来了。这是个很好的教育契机，于是我忍不住对他说："你看，你的大力气可以用在做好事上，让老师知道你是一个助人为乐的好学生。既然是好学生，不应该因为一点小矛盾就用拳头说话吧？"我们相视而笑。

　　在集体生活中，班级里每天都会上演各种"爱恨情仇"。为了能更好地排解学生之间的矛盾，稳定学生的情绪，我设立了班级模拟法庭，并指定吴同学担任"法官"，让其学习和熟知各类处事规则。"被告人""原告"由当事人扮演，"庭审员"由班级其他学生扮演。有时间的情况下，每周一的少先队活动课开庭，一般一个月至少开两次庭，以解决班级同学间的各类"案件"。班主任面对偶发事件时要运用好转弯艺术，转弯前减速，用分享、肯定、引导的方法稳定学生情绪。在班级模拟法庭上展现同学间的矛盾事件，可以让法官和庭审员肯定好的一面，引导错误的一面向正确的一面转变。

二、转弯中匀速，唤醒学生责任感

"减速"稳定情绪后，教师需要"匀速"唤醒学生责任感。刚开学的第三个星期，班级里一个叫小童的学生进入了我的视线。事情是这样的：在某天午睡时，班干部以"不遵守纪律"的名头记下了他的名字，他一气之下就跑进了男厕所，怎么都不肯出来。我主动找他沟通，他仍闭口不谈，最后挤出了三个字："我不服！"随即以百米冲刺般的速度从厕所跑了出去，百般周折后，在学校宿舍楼的车棚里，我们找到了小童。了解情况后，我得知他是和后排的女同学讲话才被班干部记名的，而讲话原因是他想在午睡时间写字，拔笔盖的时候不小心碰到了后面女同学的头。看来，性格太倔强、听不得批评、受不得冤枉是小童出逃的主要原因。

看着小童头也不抬、谁也不理的样子，我琢磨着得采用转弯艺术了。回想起当初因为小童背书积极、上课举手积极而选他做组长，我对他说："今天的英语背书任务你们组有很多人没完成，你身为组长，要眼睁睁地看着你们组落后于其他组吗？你是个很有责任心的组长，肯定不希望自己组落后的，快去帮他们背书吧。"看他抬头看了我一眼又低下头去，我知道他开始动摇了。于是我和班级里的另一个男同学轻轻地说："你去把小童组里的人都叫下来找他背书。"于是就出现了这样一个场景：小童组里的6个学生拿着英语书在他面前背书；他从刚开始的不抬头到后来的抬头，从刚开始的蹲着到后来的站着，从刚开始的不说话到后来的指出组员错误。我对孩子们说："这车棚实在不是学习的好场所，我们回教室背书吧。"一群人拿着英语书叽叽喳喳地回教室，还有人对着小童喊："小童，快点，我还剩最后一句话就背完了。"他也跟在后面慢慢地走回了教室。小童是有责任感的，只不过他的责任感暂时沉睡了，需要被唤醒。

学生缺乏责任感引起的偶发事件在班级中比比皆是。学生打架了，互相指责是对方的错；班级里发生偷窃事件；水电管理员放学后忘记关班级里的电脑，结果打雷导致电脑无法正常开机，影响第二天电脑的正常使用；本应乘坐校车的同学放学去商场玩，既没告知值周老师，也没告知家长，导致校方和家长都在紧急寻人……这一系列的偶发事件，究其原因就是学生缺乏责任感。

三、转弯后加速，提升学生能力

提升学生能力是我驾驶"班级汽车"的一大加油站。为了让转弯艺术在教育中发挥更大的作用，班主任需要在稳定学生情绪和唤醒学生责任感后，将稳定情绪和加强责任感内化为学生的自主管理能力。教育家斯宾塞曾经说过："记住你的管教目的，应该是养成一个能够自治的人，而不是一个要别人来管理的人。"

吴同学通过班级模拟法庭学习和熟知了各类处事规则。如遇班级模拟法庭未开庭期间班级中突发学生矛盾事件，我就让吴同学去处理。通过设身处地地处理各类纠纷，现在的吴同学已经是一个明是非、懂规则的好学生，其他同学一有矛盾就喜欢找他帮忙调解。继上次的出逃事件后，我让小童负责落实全班同学的背书任务。他每天都会向我汇报哪些同学没完成。我借此机会向他灌输：同学间有矛盾和误会要学会用正确的方式化解，而非采用出逃这样的极端方式。几个月下来，小童也慢慢地被我开导成功，之后再也没有发生过出逃事件。只有将稳定情绪和加强责任感内化为学生的自主管理能力，才能从根源上杜绝偶发事件发生。

怎么样驾驶"班级汽车"安全通过每一个转弯口？苏霍姆林斯基说过："最好的教育是自我教育。"我采用了以下措施提升学生的自主管理能力。

1. 建立岗位责任制

班级实行岗位责任制，就可使班级形成一个有层次的管理网络，班级的每一扇窗、每一样物品、每一项工作都有负责人。例如学生课前学习用品的摆放、书桌里存放的物品、班级垃圾桶的清理、门窗的开闭、午餐的领取、卫生区的保洁等都有专人负责。在班级形成"事事有人做，人人有事做"的自主管理机制，从而促进班级整体面貌的改变，这不仅培养了学生的自主管理能力，还能树立班级、学校的良好形象。

2. 营造健康向上的舆论环境

舆论有时候比规章制度更能让人折服。每天放学我都会表扬在"我的地盘我做主"活动中保洁工作做得最好的孩子,每次我们班被评上"美美班级"时我都会表扬全班同学……不管是大的还是小的荣誉,我都会赞赏他们,是他们出色的自主管理能力铸就了班级的荣誉。

3. 由校内向校外延伸

为了让学生在校内养成的自主管理能力能延伸到校外,我要求学生在家里自己的事情自己做,洗衣服、理书包、理房间……逐步自理,不给父母增加负担。我利用每日晨会,询问学生在家承担家务的情况,并及时给予指导。我还建议学生参与家庭事务的管理,以培养学生的自主管理能力,获得了家长的认同和协助。

周周,教育之路道阻且长,路上有许多美丽的错误,有许多美丽的挫折,但我相信也有更多美丽的风景。我们坚定不移地探索积极有效的育人方法,我的转弯艺术,让我欣赏到了路途中别样的美景,让我的育人之路越走越开阔。今后我也将不断上下求索,永远年轻,永远在路上!

你的老师:杨胜丽

28 糖衣艺术：
良药未必需要苦口

周周：

　　见字如面。你问我，该如何让学生乐于接受批评，改掉不良习惯？的确，如果说表扬是抚慰灵魂的阳光，那么批评就是照耀灵魂的镜子，能让人更加真实地认识自己。"批评"是治疗学生不良言行的苦口良药，而且因为"苦"，学生常常谈"批评"色变，对"批评"讨厌至极。如何让"批评"这剂良药不再苦口，让学生乐于接受，真正起到帮助学生认识并改正错误的功效呢？我们不妨给"批评"这一苦药裹上甜甜的"糖衣"。

一、变"暴风骤雨"为"和风细雨"

　　大部分学生害怕老师批评，是缘于老师"暴风骤雨"式的批评方式。许多老师缺乏对批评的正确认识，面对犯错的学生，控制不住自己的情绪，劈头就骂，有大声的呵斥也有无情的讥讽，将学生当成出气筒，发泄自己的不满。批评完，老师心情舒畅了，甚至还达到了让学生老实一段时间的目的，殊不知自己已经深深地伤害了学生脆弱的心灵，成了学生心中的"恶魔"。

暴风骤雨会将植物打得枝折花落，和风细雨却能让植物生机盎然。有些老师就很聪明，总能把批评变成阳光雨露。著名教育家陶行知先生在担任一所小学的校长时，看到男生王友用泥块砸班上的同学，当即制止了他，并让他放学后到校长室去。放学后，王友已经等在校长室准备挨训了，陶行知先生却掏出一块糖果送给他，并说："这是奖给你的，因为你按时来到这里，而我却迟到了。"王友惊异地接过糖果。陶行知又拿出一块糖果放到他手里，说："这也是奖给你的，因为当我不让你再砸人时，你就立即住手了，这说明你很尊重我。"王友更惊异了，眼睛睁得大大的。接着，陶行知又掏出第三块糖果塞到王友的手里，说："我调查过了，你用泥块砸那些男生，是因为他们不守游戏规则，欺负女生。你砸他们，说明你很正直善良，有跟坏人做斗争的勇气！"王友感动极了，流着泪，后悔地说："陶……陶校长，你打我两下吧，我错了，我砸的不是坏人，而是自己的同学呀！"陶行知满意地笑了，掏出第四块糖果递给王友，说："你能真正认识自己的错误，我再奖给你一块糖果，可惜我只有这一块糖果了，我的糖果没了，我看我们的谈话也该结束了吧。"怀揣着糖果离开校长室的王友，彼时彼刻的心情不难想象……这段故事中，陶行知先生并没有暴风骤雨般地训斥王友，而是等到调查清楚事实之后再以和风细雨般的谈话，让王友认识到了自己的错误。可见学生也像花儿一样，害怕暴风骤雨的摧残，渴望和风细雨的滋润。

批评是对学生进行思想教育，帮助学生认识并改正错误的手段，而非老师发泄不满的通道；批评的根本目的是矫正学生的错误，促其健康成长，而非讽刺、打击、伤害学生的自尊，让学生失去前进的动力和勇气。所以，面对犯错的学生，老师首先要做的是调整好自己的心态，理智地看待学生的错误，避免用粗暴的批评方式伤害了学生。教师唯有用真诚的语言、亲切的举止去打动学生，学生才会对老师产生信赖感，减少畏惧心理和对抗情绪，与老师真正实现心与心的沟通，不再害怕、排斥批评。

二、变"喋喋不休"为"洗耳恭听"

苏霍姆林斯基说："一个好老师，就是在他责备学生、表现对学生的不满、发泄自己的愤怒时，也要时刻记住：不能让儿童'成为好人'的愿望的火花熄灭。"就算再顽皮的学生，他的内心也有正义感，也有要做个好人的愿望。敝帚自珍，人们对于自己的东西，总有维护的嗜好："我的"东西自己损坏没关系，别人损坏就不行；"我的"孩子自己责骂不心疼，别人责骂就心疼；"我的"错误自己明白就行，别人指责就难以接受。当老师指责学生的错误时，学生会立刻产生维护自己的想法，不是否定老师的观点，就是找一些为自己辩护的理由。所以，当老师批评学生时，我们总会听到"我没有""不是我""都是他"之类的推脱之词。就算学生勉强接受了老师的说教，也是口服心不服，严重的还会产生逆反心理，背地里和老师对着干。老师们如果不想让自己的一片好心被学生当成驴肝肺，不想自己被学生看成是唠唠叨叨的老学究，不想让自己的苦口婆心变成学生难以接受的逆耳忠言，就要认真审视自己在批评教育中应该充当的角色。

老师喋喋不休地说教、灌输，是传统的批评教育过程中常见的现象。可这种传统批评方式已成了与新课程改革背道而驰的不和谐音符。随着学生主体性的凸显，批评教育的主体地位也应归还学生，让学生成为批评的主人，老师应从喋喋不休的主宰者转变为洗耳恭听的听众。但是老师在听之前应为学生指明说的方向，即找准批评教育的切入点。

1. 说说"我"做了什么

让学生说说"我"做了什么，是老师了解事情经过、弄清事实的前提，只有搞清楚了事情经过才能找到学生犯错的原因，才能客观地判断学生的犯错程度。为了避免学生找各种理由为自己开脱，让学生更快地进入正题，老师还必须要求学生以"我"开头，只说自己干了什么，不用涉及别人，这样能避免学生之间一些无谓的争吵，节约时间。

2. 说说"我"错在哪里

"敝帚自珍"的心理特点决定了学生是不喜欢老师或同学的指责的，一旦被别人指责，学生立刻会感觉到自己的自尊心被别人深深地伤害了，会立刻对别人产生敌意，并寻找各种理由为自己辩解，来维护自己的尊严。所以为了避免学生对老师产生敌意，老师应避免指责学生，而应让学生自己体悟，自己发现错误，承认错误，进而改正错误。这样，学生就不会有自尊心被伤害的感觉，老师也达到了让学生认识错误的目的，何乐而不为呢？

3. 说说"我"如何改正

说教、灌输是传统批评教育过程中最常用的方法，老师说，学生听，老师把学生当作知识和道德的容器，希望在最短的时间内对学生进行最全面的思想道德教育，达到一劳永逸的功效。但事实证明：由于年龄、认知水平的限制，学生没有完善的判断能力、辨别是非的能力，很难把老师所说的道理都通过自己的思考内化为自身的观念并指导自己的行动。教育家苏霍姆林斯基说过："只有能够激发学生进行自我教育的教育，才是真正的教育。"老师要让学生发自内心地改正错误，还需引导学生主动地进行自我反省、自我纠错、自我教育，以提高道德认知水平，使行为更符合规范与要求。

老师从喋喋不休的主宰者变成了洗耳恭听的听众，虽然失去了"主角"的地位，却不会引起学生的反感，还能更轻松有效地实现帮助学生认识并改正错误的真正目的。

三、变"心怀不满"为"心存感激"

草草收场、不欢而散是失败的批评教育无言的结局，学生心怀不满是对老师一片苦心的"真情"回馈。难道老师的一番苦心就为了换来这样的结果吗？那如何能让学生顺畅地接受批评并对老师心存感激呢？老师们还必须处理好批评的善后工作。处理好善后工作包含以下两层含义。

第一层：让批评教育有个美好的收场。

接受批评的学生心里总会有种失落感，认为自己被批评了就很没面子，抑或产生自卑心理，认为自己犯了错老师会不再喜欢自己；不接受批评的学生则会产生抵触情绪和逆反心理。为了减轻批评对学生的这些负面影响，老师不妨在批评结束时加上些亲切的动作，用柔和的语气说说学生的优点，或说些激励性的话语作为批评教育的结束语，从而让学生感受到老师还是关心他们、爱他们的。

第二层：做好批评后的跟踪教育工作。

第一，关注学生的情绪变化。老师在批评了学生之后更要关注受批评学生的情绪变化，不能疏远他们，更不能从此对他们漠不关心。每个学生都有希望得到老师关注的愿望，要让学生重拾自信和积极性，老师需要与他们多沟通、多交流，对他们的点滴进步给予及时的肯定，让他们认识到就算他们犯了错误，老师依然关爱着他们。

第二，关注学生的行为变化。批评教育的终极目的是保护和规范学生思想行为的发展，不能简单地批评了事，批评后的跟踪教育与信息反馈是很有必要的，这样既彰显了老师对学生一如既往的关爱，又便于老师适时调整教育的方向，提高批评教育的效率，消除批评教育的后遗症。许多批评教育失败的原因，往往并不在于教育者不够严厉，而在于教育者往往一批了之，未能及时巩固教育的效果。当前，由于学生所处社会环境复杂和学生心理发展不平衡等诸多因素，对学生的思想教育往往要经历一个曲折反复的过程，忽视这一点，则易导致急功近利式的粗暴训斥甚至体罚。为此，我在实施批评教育后还要经常与学生交流想法，谈谈对错误的认识，让学生知道错在何处、为何犯错、如何改正，帮助学生彻底改正错误。

老师要多与学生交流，谈谈老师在批评学生时的无奈心情，说说老师的一番良苦用心，通过真诚的沟通，让学生也能渐渐理解老师，体会到老师的深深爱意，最终收获学生的尊敬和感激。

周周，好老师不会让心爱的学生在批评中受伤，而会让学生在由真情、尊重、关爱等元素配制而成的"糖衣"中品尝到浓浓的师爱。有了这层"糖衣"，"批评"这一良药不再苦口，学生才会乐于接受，批评教育也才没有缺陷。

你的老师：杨胜丽

29 金牌艺术：
目光所及的座位光芒

周周：

见字如面。你说，对我班的"金牌座位"很感兴趣，希望我能分享一二。嗯，那么，我就一一道来吧。

我们的教育尽可能迎合孩子们的兴趣，尊重孩子们的内心渴望，他们渴望被关注。"金牌座位"的创意从孩子们的需求出发，将一种追求、理念融入孩子们心里，潜移默化地培养孩子们的学习习惯和行为习惯，让我们的孩子成为谦谦君子，知书达礼，成为有教养的人，有绅士风度。"金牌座位"为他们编织梦想，让他们学习的热情空前高涨。"金牌座位"让每一个孩子为之努力，为之改变，努力成为最好的自己。

一、"金牌座位"之创意背景

我们班的孩子思维很活跃，见识也广，口齿伶俐的不少，但有一个最大的问题，就是自我控制能力差，这直接造成了班级的日常状况总是不让人满意。奖励性、惩罚性的措施也用了不少，可总是见效甚微。怎么能让孩子们养成良好的习惯，能让他们学会自己管理自己，这一直是困扰我的问题。后来，我发现我们班的孩子自我意识很强，好奇心强。我冥思苦想，红花奖励他们已不稀罕，我选择用"金牌座位"来"诱惑"他们。就这样，"金牌座位"的方案在我脑海里诞生，并很快在班里实施。我在教室里最佳的位置设置"金牌座位"，"金牌座位"的桌子上放着一块醒目的牌子，上面写着"金牌座位"。

二、"金牌座位"之创意思路

巴金说："孩子成功教育从好习惯培养开始。"好习惯的养成是长期的工程，我们得帮助孩子。好习惯一旦养成了，将是孩子一辈子的财富。七年级的学生，对新奇事物的好奇心强。如何利用好奇心收获好习惯呢？一次，我在电视上看到奥运会金牌获得者在国歌声中潸然泪下，他是如此激动，如此兴奋，深深震撼了我，给了我创意的灵感。我思考着，何不来个"金牌座位"，让我的孩子们兴奋、激动、开心，并为之努力。一个想法就这样酝酿而成。

把"金牌座位"设在最醒目的位置，桌上放着写有"金牌座位"的美丽牌子，以此吸引孩子的目光。我与学生约定怎样才能坐上"金牌座位"：学习习惯优秀者可以坐上"金牌座位"，行为习惯优秀者可以坐上"金牌座位"，一周一人轮流坐"金牌座位"。

坐上"金牌座位"的孩子会得到与老师的合影，得到老师亲笔写的诗歌、老师的亲笔绘画……珍贵照片还会发到班级微信群，家长热烈的掌声让孩子无比喜悦，有很大的成就感。

三、"金牌座位"之实施程序

1. 学习习惯优秀者享受"金牌座位"

养成好的学习习惯将受益终身。我在班级里制定了享受"金牌座位"的规定：一周获得"大拇指学习图章"最多者可以享受"金牌座位"。上课认真听，可获得大拇指学习图章；发言积极，可获得大拇指学习图章；字写得漂亮，可获得大拇指学习图章……"金牌座位"吸引了不少同学的目光，孩子们总喜欢多看几眼"金牌座位"，他们羡慕"金牌座位"的享受者，心里嘀咕自己啥时候也能坐上"金牌座位"。"金牌座位"对我的教学管理有所助益，它可是同学们梦寐以求的座位，坐上"金牌座位"成了他们追逐的小小梦想。

有人说："梦想是这个世界上最美好的字眼。拥有梦想的人，他的羽翼更丰满，他的心智更美好。"我欣喜孩子们有美丽的梦想，当他们为"金牌座位"而战时，心底溢出的是无限欢喜。"金牌座位"为他们编织梦想，让他们的学习热情空前高涨。

积极参加各种比赛，成绩优秀者也有机会享受"金牌座位"。我们学校经常举行各种各样的比赛，我抓住机会，利用比赛激发孩子的学习兴趣，对比赛获奖者给予"比赛图章"奖励，一周获得图章最多者可以享受"金牌座位"。这个学期，金一博获得县美化板比赛一等奖、校七巧板比赛一等奖，那一周他获得的比赛图章最多，坐上了"金牌座位"。金一博尝到了"金牌座位"的甜头，对我说："老师，美化板比赛我要在市里获奖。"孩子眼里闪烁着希望的光芒。

为金牌而战，越战越勇，唱歌、画画、手工、小发明、讲故事等比赛，孩子们都取得了好成绩。瞧，"金牌座位"让孩子们为班级赢得了许多荣誉，让他们的梦想更坚定、美好。

2. 行为习惯优秀者享受"金牌座位"

七年级同学的行为问题层出不穷，今天有同学没有戴校徽，明天有同学打架，后天又有同学乱扔垃圾……学校里对各班学生的行为规范进行打分，我们班那分数被扣得，真叫我心疼。未设置"金牌座位"前，总会出现让我揪心的事情，谁抢走谁的东西，谁用什么攻击别人，终日不得安宁，与其说我是一名老师，不如说我是班里的调解员。当我在办公室喘口气休息时，"老师，周胜博把周荣贵的鼻子打了，鼻子流血了！"学生冲进办公室急切的喊叫声着实让我捏一把冷汗，我急匆匆赶过去把孩子送到医务室。这样的类似情况总会发生，总是困扰着我，着实很累，我得找个帮手帮忙。

如何消灭一个个问题，引领学生走上正确行为规范的轨道？"金牌座位"发挥了神奇的作用。有良好行为习惯的同学可获得"行为图章"，一周获得图章最多者自然有"金牌座位"礼遇。有了"金牌座位"效应，主动拾垃圾者多了，乱扔垃圾者少了；好人好事多了，坏人坏事少了。班级里互帮互助的风气形成了，教室里多了一分和谐，少了一分争吵。"金牌座位"让我的管理井然有序，跑操时，孩子们能自觉地排好队，跑的时候不会像以前那样叽叽喳喳吵个不停，一改往日的乱跑现象，跑操不认真摔倒一大片的现象也消失了。"金牌座位"轻松地改变了学生的行为习惯，老师不用讲太多的道理去约束他们的行为，他们自然会为"金牌座位"而努力改变自己，变得更优雅、更帅气。

四、"金牌座位"之操作要点

"金牌座位"每周坐一人，学习习惯优秀者一周，行为习惯优秀者一周，二者轮流。

学习习惯优秀者的评价内容分为八块：学会倾听、与人合作、善于思考、认真书写、作业完成、比赛获奖、勤于阅读、自主学习。

行为习惯优秀者的评价内容也分为八块：整理书包、讲究卫生、值日认真、守时惜时、助人为乐、举止文明、勤俭节约、诚实守信。

一学期获得"金牌座位"奖励次数最多的孩子，将被推荐成为学校的校园之星。

五、"金牌座位"之效果评析

有人说："把一个信念播种下去，收获的是一个行动；把一个行动播种下去，收获的是一个习惯；把一个习惯播种下去，收获的是一种性格；把一种性格播种下去，收获的是一种命运。"叶圣陶认为，教育就是养成良好的习惯。在孩子的成长过程中，我们要把好习惯的养成放在教育首要的位置。好习惯就像我们生命的枝上盛开的一朵美丽的小花。习惯养得好，终身受其益；习惯养不好，终身受其累。

　　孩子的可塑性很强，潜力也是无穷的，我想，只要给孩子足够的机会和耐心，孩子必定会给我们一个满意的结果。我相信，有了"金牌座位"，孩子们会为之奋斗，会养成好的习惯陪伴他们成长。

　　感触很深的是一个孩子——周荣贵的变化。他下课生龙活虎，可一写作业就病恹恹的，有气无力，无精打采，任凭铅笔在本子上胡乱地"奔跑"，常常被老师批评。有了"金牌座位"的诱惑，他就像变了个人似的，写作业来劲了，写作业的速度也变快了，经常被老师表扬了。心中有目标，没有什么不可以实现的。

　　自从有了"金牌座位"，我发现班级里爱讲话的小王同学上课不再讲悄悄话，而是将目光聚焦在老师、课本、黑板上，学会了聆听，发言也积极了。他第一单元考试考了 65 分，第二单元考试成绩有了飞跃，考了 95 分，后来考试多次得 100 分，这也许就是"金牌座位"的魅力。

　　周周，作为新时代的班主任，我们的教育要不断创新，给教育注入新活力，让孩子们在班集体中快乐积极地成长。教育的创新促进教育成功，"金牌座位"这一创新活动如一股清泉注入教育这块宝地。"金牌座位"教育是新鲜、创新的，愿每一个孩子都能在"金牌座位"的激励下，得到生命的成长，拼搏铸就别样人生！你也试试吧。

你的老师：杨胜丽

30 "留白"艺术：
帆只扬五分，船便安

周周：

　　见字如面。你说，八年级才开学没几天，你就遭遇了两处窘境：

　　窘境一：讲台上，你苦口婆心地讲着班集体的重要性，对本星期有同学表现出来的坏行为做严厉批评。全班同学都耷拉着脑袋"认真"倾听着，被训者更是一副苦大仇深的样子。之后，对班集体造成不良影响的事还是屡有发生。于是几天后，你又是严厉地批评，学生又是"深刻"地反思。

　　窘境二：某学生又犯了错误，你生气地把他拉到办公室，请他说出为什么这样做，直到这个同学低下头、掉下眼泪为止。你觉得自己总有谈不完心的学生，当你口干舌燥地批评、教育完这个学生，另一个学生又来了。

　　哦，听你这么一说，真的挺心疼你的。不过，面对这样的处境，我们有没有更好的方法呢？我想，不妨试试"留白"吧。处理偶发、突发事件时"留白"，有时"言有尽而意无穷"，有时"此时无声胜有声"，是方法，更是艺术，能提高德育的有效性。

在偶发、突发事件中，当事人往往情绪比较激动，班主任也容易"感冒"。面对这类事件时，班主任最好不要立刻处理，将学生"晾"在一边降温，给予其反思的时间，班主任也好趁这个机会进行调查，了解事实真相，有的放矢，氛围也不至于太紧张，效果反而会更好。下面的"留白"方法能让学生敞开心扉，让道德教育真正触动学生的心田。

一、点拨诱导法

有些学生，平时表现一贯较好，思想觉悟较高，当他们偶尔犯了错误，班主任在说服教育他们时，可采用点拨诱导法。点拨诱导，就是不需要把这些学生所犯的错误反复批评个没完，不需要把所犯错误的危害性讲深讲透，分析得头头是道，只要有意识地创设"空白"，惜字如金，点到为止，让这些学生自己去思考。采用这样的"留白"教育，可以不伤害学生的自尊心，可以避免师生之间的对立情绪，有利于启发学生自我教育，激励学生自觉改正错误。

案例：

小方是个表现一直很好的学生，一次因为玩电脑，忘了做语文作业。我有些生气，她可是班干部呀，真想好好说她。可当孩子一脸羞愧地站在我面前，似乎恨不得有个地洞可以钻下去的时候，我没有批评她，只是轻轻地摸着她的头，和颜悦色地说："我相信你会知错就改的。"我把许多批评的话藏在心里，留下"空白"，让她自己去思考。从此，她再也没有不交作业,对电脑的痴迷也收敛了不少。

我想,这就是"帆只扬五分,船便安"的"留白"教育艺术的效果吧,要是当时批评的话太直白了,可能会适得其反。

二、迂回躲避法

有些学生,平时表现较差,思想觉悟不高,又固执任性,当他们犯了错误,班主任运用"留白"艺术进行说服教育时,可以采用迂回躲避法。迂回躲避,就是对这些学生所犯的错误暂时避而不谈,也不去追究其责任,也不到家长面前去告状,只是通过开展他们所喜爱的活动,或有意识地安排一些富有思想教育意义的活动,如参观访问、举办各种比赛、召开主题班会等,或安排一些与他们的行为相对立的事让其完成,对这些学生进行正面教育,让他们在接受正面教育的过程中,反省思考,认识自己所犯错误的危害性,分析自己犯错误的根源,下决心改正错误。这样,教育效果比简单的批评教育要好得多,可以消除这些学生容易产生的逆反心理,让他们乐意接受思想教育。

案例:

佳佳是班里出名的后进生,在家里,爸爸妈妈也像防贼一般地防着她。每天,开小店的妈妈都把钱箱锁好、藏好,可她都有办法找到,并且打开它。父母气得不得了,几次吓唬她要送她去派出所,她每次声嘶力竭地保证过后,不过几天,老毛病又犯了。大家都叫她小偷,她似乎也无所谓。多次谈心失败后,我决定下一帖"猛药"——让她担任班级的生活委员,保管小组卖报纸所得的60元班会费。我告诉她:"以前的你是一个永远过去的你,老师相信你一定不会辜负同学的信任，会把班会费保管好的。"佳佳一脸茫然地看着我，似乎在说："真的吗？"我点点头，佳佳也点点头，在这无声的点头中，我想我们师生二人已交换了最真的语言——"我一定不会让大家失望的。""我信任你。"

两个月过去了，佳佳保管的班会费一分不少，而且变成了 64 元 3 角（其中的 4 元 3 角是班里的学生平时捡着找不到失主的钱放在班会费里的，与好人好事中记载的完全吻合）。

是的，迂回"留白"的教育艺术对佳佳来说是一帖下对了的药。

三、断流停顿法

有些学生，性格怪僻，脾气暴躁，碰到不顺心的事容易恼火，有时会顶撞老师，当他们犯错误时，班主任可采用断流停顿法。断流停顿，就是班主任在批评教育这些学生时，发现他们有厌烦情绪，或者出现"顶牛"现象，就要立即停止批评教育，让学生单独思考，给学生冷静处理矛盾的机会。班主任有意创造时间的"空白"地带，有利于形成和谐的教育氛围。经过冷处理后，班主任再找这些学生谈心，循循善诱，耐心引导，并激励他们自我教育，这样教育效果肯定较好。

案例：

一天下午，我们班的几个小家伙气喘吁吁地跑来向我告状："老师，小恩打人了！"还没等我开口，小恩就先嚷开了："我没打他，是他先踹我的！"看着小恩委屈而又骄傲的神情，我没有作声，而是摆了摆手，示意其他的孩子先回教室。等其他孩子都回教室了，我才尽量用最平和的语气说："小恩，老师也没说你打人呀！"我随手拉过一把椅子，对他说："你先坐在这儿，我出去办点事。"

他瞅瞅椅子，生气地坐下了。经过了解，我发现事情的起因还真不在小恩，原来是小蒋先踢了他，然后他才还手的。弄清了事情的原委，我便先安慰了小蒋（毕竟小蒋挨了打），但事情是他引起的，我动员他去向小恩道歉。小蒋去找小恩，但小恩理都不理。我回到办公室，拉着小恩的手说："咱们出去聊聊好吗？"我和他坐在 2 楼的楼梯口，几分钟的沉默过去后，我语气平静地问他："你今天为什么打人？""谁让他先打我？你为什么光批评我？"连珠炮式的话体现出他根本没有反思。

"老师并没有批评你，只是想向你了解一些情况。"我的语气很平和，"如果你今天不愿意和老师聊的话，我不勉强你，但我有两个问题希望你考虑一下：第一，跟老师应该用什么样的语气说话？第二，打人的行为到底对不对？用错误的方式对待别人的错误对不对？我给你一段时间考虑，什么时候想明白了，你什么时候来告诉我。"接下来的几天，我都没找他谈话，我在等待。

周五下午放学以后，一个女同学打扫卫生不合格，小恩要求其重扫。那个女同学不愿意，便和他发生了争执，在争执的过程中，那个女同学不小心把扫帚柄打在了他肚子上，他没有还手。事后我悄悄地把他拉出教室，开玩笑地说："小恩，今天怎么不还手呀？"他听了，不好意思地低下了头，嘴里小声嘀咕着："想通了！"

我们在教育类似的孩子时，往往会不遗余力、苦口婆心地向学生步步紧逼，不留余地，不给学生喘息的机会，常常教育学生应该做什么，真可谓好话说尽，可学生就是听不进去。要知道，孩子的每一个进步，都不是一个瞬间完成的，而是一个反复自我教育的过程，必须耐心等待，所以我们不能因为孩子一时没有改正错误就无法宽容他，否则孩子将永远没有机会形成良好的道德品质。

色彩斑斓、花团锦簇固然可爱，但淡雅宁静的"空白"也令人心驰神往。"留白"是一种德育艺术，愿班主任都能注意并恰当地运用教育教学中的"留白"，打造特色鲜明而富有创意的教育手段，帮助学生进行积极的品德建构，从而更为有效地达到预期的德育目标。

周周，就像国画中的留白，给学生留一点空间，留一点空白吧，相信在这留白中，他们一样会成长。

你的老师：杨胜丽

31 中医艺术：
效良医，伴汝行

周周：

　　见字如面。近日，我在阅读《黄帝内经》，感叹良医们妙手回春的同时，也深感我们班级管理工作中遇到的诸多问题，就好比是人遇到的疑难杂症，也应按照寻病因、辨病情、解病症、去病根这条主线来应对吧。效仿古代名医，钻研"病症"，争当师中良医。周周，我的几点心得，与你交流，希望能引起你的共鸣。

一、做扁鹊——望闻问切寻病因

　　医中有扁鹊。为师必学扁鹊，望闻问切，了解学生思想动态，掌握班级动态，注意学生的差异性行为。

主要做法一：建立班级生情档案。

我认为，班级生情档案的建立非常重要。档案中包括学生基本信息一览表、学生流动因素分析表、家长（监护人）情况及交往对策、班级基本情况一览表等内容，教师可通过家访、校访以及和前任老师的对接或者和孩子的面谈，完善内容。

班级生情还应及时更新，不要一成不变，要有对班级内孩子各项活动情况的记录，对孩子差异性行为的记录，以及有针对性地对某类问题、某个孩子的追踪记录等。

主要做法二：建设好一支班级管理队伍。

日常工作中，作为一名老师，常常几项任务一肩挑，不可能时时刻刻陪伴孩子，因此建设好一支班级管理队伍十分重要。能将老师管理班级、教育的各项举措落实到位，往往是老师们对班干部的要求。而我认为，得力的班级管理队伍，还应该是老师观察班级活动的瞭望台。通过这支队伍，老师们能掌握班级的主流动态、学生的日常所为，从而有的放矢地制订下一阶段教育的目标及策略。

主要做法三：打通信息沟通渠道。

孩子们的想法千奇百怪。每一个孩子都会想把好的一面展示给外界，包括向他们的老师、同学展示，这就容易导致孩子们一些真正的做法及想法仍旧会被雪藏、被冰封。除了建立班级生情档案、建设好一支班级管理队伍这两项工作要做扎实，我们还要有其他的渠道让孩子们可以倾诉，可以善意"告密"。我提议，不妨建一个好老师信箱，或者是班级"垃圾桶"，让孩子们在情绪爆发的瞬间有个可以发泄和倾诉的所在。

主要做法四：注意教育介入时机。

通过一系列的方法，我们基本掌握了班级生情，其中肯定会有很多让我们惊讶或生气的故事。此时，教育一定要把握好介入时机和介入方式。要以一种孩子可以接受的方式，在一个不容易引起反感的时机介入，我们所做的工作才能事半功倍。

二、学仲景——细斟慢酌辨病情

医中有仲景。为师当效仲景，由于不同的家庭条件，不同的教育环境，不同的个体因素，德育工作中遇到的问题孩子往往有着不同的"病因"，应细斟慢酌孩子发展过程中出现的各种情况，来辨析孩子的主要问题所在。

主要病灶一：成绩差，缺乏自信。

这类学生自低段开始就基础薄弱，因没有及时补救，久而久之，造成知识断层。积累的问题越多，造成的学习困难越大，加上家长对孩子期望过高，经常数落孩子这里不行那里不行，时间一长，孩子们对学习逐渐失去信心，由此引发一系列行为问题。

主要病灶二：行为差，自高自傲。

这类学生从小娇生惯养，极度自负，做任何事都认为自己是对的，智商不低，经常违反课堂纪律，对老师的批评不屑一顾，甚至跟老师顶嘴，时间长了，成绩也会下降。

主要病灶三：思想怪，性格孤僻。

这类学生大多生活在单亲家庭或者父母对其关心很少的家庭，他们行为怪异，自私自利，不太合群，但跟自己的好朋友在一起时能放声讲话，开怀大笑，老师找其谈话时却总是低头不语。

三、仿时珍——遍采百草解病症

医中有时珍。为师当仿时珍,学他遍采百草,甚至不惜亲尝百草试药,从而开出有利于孩子成长的良方。

良药一：爱。

找到病因后，该如何用药，用什么最合适？我认为，首要的是"爱"。

1. 师爱——鼓励

几年前，我在新接手的班遇到过这样一个学生。第一次上课我叫他回答问题时，班里同学竟然都放声大笑。问其故，原来是以前的老师上课时基本上都不叫他，因为都觉得他不会回答问题，慢慢地，这孩子在班级中好像就成了透明的了。"慢慢来，你的声音很好听，老师会一直等你。"没想到，被大家视为透明人的他第一次在课堂上发出了久违的读书声。他坐下之后，我发现他的脸上露出了从未有过的欣喜表情。后来我还发现他对科学很有兴趣……师爱，此时化作点滴鼓励。

2. 友爱——感化

有这样一部分孩子，他们习惯不好，但极为"义气"。因为经常被老师批评，他们在学校被多数人排斥，他们没有朋友，却渴望得到友谊。

现在已经毕业了的 ×× 同学，他的名号，在我接手他所在的班前我已有所耳闻。行为习惯极差，总是捉弄班里的同学，面对这样的他我很头痛。我开始有意亲近他，经常关注他，跟他一起玩。他喜欢被关注，我就请他当我的小助理；他喜欢打篮球，我就让他加入班级篮球队，代表班级打比赛……

一年的时间，他在班里的朋友越来越多了。他也开始从一个横行霸道的"小螃蟹"变成有人情味的孩子。

3. 母爱——温暖

对于 × 姑娘，我曾听教过她的老师说起，她小学一年级就考个位数，平时很少与人交谈。

我和她的故事源于每天都要写的随笔。她喜欢用文字记录自己的所见所闻，于是，我便有意无意地在她的随笔上点评几句。没想到，时间长了，她竟当我是知音，许多青春期少女的心事都和我说。趁热打铁，我给她单独辅导，请她帮忙，公开表扬她的认真和努力……

通过走访，我还发现，×姑娘幼时也曾天真可爱，变化源于她五岁时她的妈妈外出打工一去不回。我对她的关注更多了，时不时会给她带个小发卡，把她叫到办公室来变魔术似的分给她一颗棒棒糖。真心疼爱，更多关注，用母爱温暖她，孩子的笑容也越来越多了。

良药二：尊重。

开启孩子心灵还有另一把钥匙——尊重。

1.座位的尊重

刚踏上工作岗位的那几年里，面对孩子们犯错的情况，我经常会溜出一句："不行你就挨墙，坐到最后去。"说得多了，学生都会认同这样一个观点：最后一排是差生坐的位置，谁坐到那儿，肯定是最差的。慢慢地，不管什么原因，只要一个孩子坐到最后一排，他就会逐渐消沉。

意识到这一点，我开始思考给孩子一个被尊重的座位，让他们感觉到"老师没有放弃我们，老师很关爱我们"。现在我班里有这样两种座位：

一是首席座位，也就是最前排的最好的位置。我对孩子们说，首席座位是给嘉宾坐的，然后让孩子们轮流坐上首席座位，让孩子有"老师在关注我"的意识。

二是五一座位（指以6人为网格，共3排，每排2人，网格长坐在第二排的左边）。这样的座位设置主要是利于帮教。座位的调整能让孩子充分感受到老师对他的关心，给孩子一个存在感，给孩子一份尊重。

2.言语的尊重

对孩子是否尊重很容易从言语上让孩子感知到。

曾有位同事在办公室谈论学生上课睡觉的事。她说："电视电视，晚上看电视，白天睡觉，还读什么书！"且不论这位老师的说法是否建立在调查的基础上，这样公开谈论，对孩子来说本身就是一种歧视。试想，当事人听了，是什么感受？其他的孩子听了，是否会跟着老师的判断给他贴上标签？

言语的尊重，有时候不仅仅是不讲简单粗暴和挖苦讽刺的语言，也不仅仅是不对他们视而不见、听而不闻，更多的时候是要注意不给孩子贴标签。

3.能力的尊重

"尺有所短，寸有所长。"作为一名教育工作者，我们在陪伴孩子成长的过程中，要做到对孩子能力的尊重，要把眼光从孩子的"短"上移开，更多地关注孩子的"长"；不是一味地向孩子提全面均衡发展的要求，而是应通过更好地发扬孩子的长处来带动孩子均衡发展。

班里有个叫小郑的孩子，考试成绩总在六七十分徘徊，被多位老师轮流抓去补课，脸上几乎没了笑容。但从平常活动可见，小郑特别善良，谁遇到困难他都愿意主动帮助；他还特别爱劳动，爸爸妈妈说他在家里把弟弟照顾得很好，家务也做得棒！这样的孩子优点多多，不能让他因为学习成绩的落后就一蹶不振。我任命他当劳动委员。他上任后，班里的卫生有了很大的改善，作业本、物品摆放有了大的改观，各科任课老师也开始认识到了他的优点，看他的眼光也开始从恨铁不成钢变成赏识。

良药三：帮扶。

每个人都希望被别人关注。从心理学角度来讲，有些孩子调皮捣蛋是有意要引起教师的关注。教师在了解了这个原因之后可以顺水推舟，有意识地给予学生更多的帮助。

1. 目标梯度帮扶

为孩子设一个可以达成的目标梯度，从而让孩子在不断达成目标的过程中建立自信。

2. 课间小灶帮扶

可以用课间较短的时间和孩子谈心，为孩子提供解决问题的策略，为孩子排忧解难。

3. 问题追踪式帮扶

俗话说：学坏容易学好难。德育工作有一个重要的特点就是反复性强。针对这类孩子，一般的班会、个别谈话可能成效就不会太大，要进行个案追踪，这就是一项长期而复杂的任务了。

四、效华佗——行刀动针去病根

医中有华佗。为师当仿效华佗，行刀动针去病根，防止"5加2等于0"的现象发生。

1. 治病治源

治病就要先治"源"，这个"源"指的就是家长。有什么样的孩子，必定有什么样的父母；要想改变孩子的行为，必先转变父母的思想，以思想引导行动。可以经常召开家长会，给家长灌输正确的教育思想；也可建立家长微信群，让优秀孩子的家长在微信群中分享育儿经，为其他家长提供参考，注入正能量。

2. 固本培元

俗话说：孩子是自己的好。孩子无论身上有多少问题，在各自父母眼中总是最好的。很多教师在与家长交谈时总抱怨孩子的不足，容易让家长反感，更添孩子的悲伤。利用家校联系卡，把孩子一周的情况详细地记录下来，多讲孩子的点滴进步，给孩子前行的原动力。

周周，效良医，伴汝行，一起迎接静待花开的美好吧！

你的老师：杨胜丽

32 三国艺术：
汲取三国智慧，打造和谐班级

周周：

　　见字如面。这些天，陪安哥看《三国演义》。东汉末年，豪杰辈出，群雄林立。透过那段久远的历史，先贤们的管理智慧至今仍然闪烁着耀眼的光辉。"一千个人眼中有一千个哈姆雷特"，在兵家的眼里，《三国演义》是一本兵书；在商人的眼里，《三国演义》是一本发财的宝典；而在我这里，我看到了管理学生和教育学生的智慧。特别是当我读到"曹操割发代首""刘备以情动人""诸葛亮挥泪斩马谡"等精彩片段时，豁然开朗，他们采用的策略不也正是自己管理班级所惯用的手段吗？顿时，我有种想和你分享的欲望。

一、学曹操，以身作则，树立好榜样

　　曹操在征讨张绣的途中，曾严令兵士不许践踏麦田。但有一天，他

骑马带兵时，忽然从麦田中飞出一只鸟，让他的马受了惊，踩到了旁边的麦子。曹操要依军法给自己定罪，却被执法官拒绝。曹操就拔出剑来要自刎，但被众人劝住，谋士郭嘉急引《春秋》"法不加于尊"为其开脱。最后，曹操还是拿起剑割下自己的一缕头发，对部下说："割发权代首。"曹操之所以能成为一代枭雄，与他以身作则的优良品德是分不开的。

班主任是班级的领导者，是学生健康成长的引路人。在班级管理中，班主任首先要做到以身作则。为了让孩子们挤出更多的时间进行课外阅读，我建议同学们 7:35 到校，花 10 分钟交作业、做值日，7:45 安安静静地坐在座位上看课外书。可一段时间下来效果并不明显，我每次走进教室，看到的都是迟到的，聊天的，追逐打闹的，边做值日边玩的……简直闹如菜市场。为此，我不知道发了几次火。于是，我改变策略，我每天 7:30 就来到教室，什么也不说，就坐在座位上批作业，同学们见我坐着，也就不敢造次，做好自己该做的事后，就迅速进入阅读状态，一个星期下来，天天如此。尝到甜头的我就这样一直坚持，现在哪怕偶有几次我有事没有进班，同学们都能自觉做好。同学们做好了，我的心情也随之变得美美哒。

班主任做好了榜样，学生自然会效仿。高明的德育，是在潜移默化中感染学生，赢得学生的信任和爱戴，达到"此时无声胜有声"的境界。

二、看刘备，以情动人，营造爱之境

长坂坡一役，刘备被曹操打得仓皇逃命，连其爱子阿斗也陷落敌阵。

赵云拼尽全力才将幼主阿斗救出，还险些丢了性命。当刘备从赵云手中接过阿斗时，他不仅没有表现出应有的高兴，反而将阿斗扔在地上，说："为汝这孺子，几损我一员大将！"赵云见此情景，感动极了，连忙抱起被扔在地上的阿斗，泣拜说："云虽肝脑涂地，不能报也！"

刘备的这一非常激励，让赵云一生感动。对于这一点，我深有感触。我班上有个学生叫王栋梁，非常聪明，但也特别调皮，上课不听讲，在老师讲课时，专爱带头起哄，致使课堂秩序混乱，下课还爱给同学起外号，捉弄同学。对于该生，各科教师都感到头痛，却也束手无策。为此，我找该生谈过多次，检查书、保证书也让其写了一堆，也曾进行过多次家访，但都收效甚微。我正百般无奈时，一件小事，使我受到了很大的启发。

那天，王栋梁又在欺负同学，我看到后，火冒三丈，打算狠狠地罚他，一扭头看到墙上贴的课程表、班级荣誉证书等都快掉下来了，于是就要求他在课外活动时间留下来把这些快掉下来的东西全部贴好。我以为他又会故意拖延或是以忘了为由一走了之，结果在课外活动时我到教室观察，发现他一个人在教室里贴得很认真，又贴得很平整。我很受感动，于是就故意在全班同学面前表扬他："王栋梁同学真是个有心人，大家都去参加课外活动了，他看到墙上贴的东西快掉了，牺牲了休息时间贴整齐了，小小年纪就能够体谅老师，把事情想到老师的前头，如果大家都像他一样，我们七（5）班不优秀都难。"说这番话时，我仔细观察王栋梁的表情，说前半句话时，他是满怀警惕的，以为我又要当众奚落他，当听完了我的全部话语，他的脸上慢慢露出了不好意思的表情，而且我清清楚楚地看到他听完表扬后的那一瞬间眼中一闪而过的光。刹那间，我明白了，他不是无可救药的，他也有上进心。于是，我就抓住每一个机会，去捕捉他的一点点细小的优点和进步表扬他。从那以后，他特别关注我，一看见我做事情就上来搭把手，看见班会课我要整理教室，他就主动留下打扫卫生，看到我捧着作业本，他就主动去接我手上的作业本……俨然就是我的小助手。每一次，我都适时表扬他，他也在一点点地进步，连其他任课老师都感受到了他的变化——不光上课不捣乱了，还能积极举手发言。由此我体会到，作为班主任，在班级管理中要学会激励，要善于赏识，多去发现学生的闪光点，调动学生的潜在积极性，强化学生奋发向上的内在动力，才能实现学生的自我教育、自我发展。

三、效孔明，严明纪律，掌好规之舵

马谡曾被诸葛亮委以重任，镇守街亭，然而他刚愎自用，指挥失当，导致街亭失守。诸葛亮平时与马谡感情极好，但为严明军纪，他选择挥泪斩马谡，并自请处分降职三等。整个军队都被震撼了，可见他对纪律的重视。

在我们班，有教师子女，也有朋友的孩子，相比其他同学来说，这些孩子的存在确实有其特殊性，但在纪律面前，人人平等，但凡有人犯错误，不管你是成绩好的还是老师特别喜欢的，都要接受相应的惩罚。"不以规矩，不能成方圆。"一个班级，若没有严明的纪律，就会如一盘散沙。只有坚持公平、公正的原则，班主任才能掌握好良好班风之舵，引领班

级驶向正确的方向。

四、仿孙权，知人善任，扬学生之长

孙权虽不及哥哥孙策善于用兵征战，但是他知人善任。他在赤壁之战中，任命年轻的周瑜为主帅，取得转折性胜利；后来重用鲁肃，拯救吴国于危亡之中；又破格提拔出身低微、文化不高的吕蒙，斩杀关羽，巧夺荆州；重用年轻书生陆逊，与诸葛亮抗衡。虽然吴国地处一隅，常常需要应对别国的侵犯，但是正因为孙权任人唯贤，所以他才能保一方国泰民安。

作为班主任，要充分相信学生的能力，该放手时就放手。为庆祝中华人民共和国成立 70 周年，我校开展了"童心向党，童声飞扬"大合唱比赛，这可难坏了我。抱着试试看的心理，在我选好曲目以后，我决定把这个艰巨的任务全权交给文艺委员刘凌萱。原因有二：一是刘凌萱是毛遂自荐担任文艺委员的；二是她舞台经验比较丰富，经常参加各种舞蹈比赛。事实证明，我没有看错人。刚开始，她一有想法就来向我汇报，问我队形这么排行不行，加点手语操好不好……我觉得这小姑娘点子真多，就鼓励她说："你的音乐细胞比老师好太多了，你不用事事向我汇报，尽管放开手去做，老师相信你一定不会让我失望。"果然，周末回来，教室里多了她带领同学练手语操的身影。原来，她利用周末，自己对着电脑学下了整套手语操的动作，还专门让妈妈带她去小商品市场买来了表演所需的小国旗和大国旗。两天后，她和我说，她需要一节课时间排练，我大方地把我的午自修贡献了出去。看着她拿着图纸给大家排队形、分发小国旗、指导同学如何举大国旗的样子，我的心里乐开了花。还别说，从入场到退场，她事事都为我想好了。整个排练过程，我只负责提供排练时间，联系音乐老师予以技术指导，联系家委会购买演出服。演出那天，我们班的节目受到了老师同学的一致好评，并一举拿下全校第一的好成绩。

在我们班里，班干部不一定是成绩最好的那一批，但绝对是最有特长的一群：体育委员是我们班的足球明星余文轩，课间活动他对照活动安排表替我安排得井井有条；宣传委员是美术功底最好的王欣怡，今年的黑板报我几乎没有插过手，但次次评比都是榜上有名；学习委员是学习最积极主动的查欣悦，在她的带领下，我们班天天书声琅琅……学生发挥了自己的特长，获得了成就感，也就能真正把自己当作班级的小主人，对待班级的管理工作更加细致入微、尽心尽力。

"滚滚长江东逝水，浪花淘尽英雄。"每当这首《临江仙》在我的耳畔响起时，心底平静的湖面就泛起美妙的涟漪，思想也像插上了翅膀一样，随着歌声回到了千年前的三国时代……一部《三国演义》，不但蕴含着博大精深的历史文化精髓，而且蕴含着丰富的班级管理之道。班级管理是一门细致的学问，一门精深的艺术。

周周，沉下心来，多读读这本"秘籍"，汲取其中的智慧，多思考，多借鉴，我们的班级管理工作也就能更加得心应手。

你的老师：杨胜丽

33 修行艺术：
成长，永远是自己的事

周周：

见字如面。寒假的朋友圈里，有人晒美食，也有人晒美景，而你晒的是历年中考卷，我着实意外。你说，你们学校青年班的教师开学第一天就要进行教师专业考试。这听起来似乎有些不近人情，可是，我更想对你说，你真幸福，有这样一个好的平台逼着你成长。其实，成长，原本是我们自己的事。

只是，我领悟得有些晚了。

2002 年，怀揣着对教育的梦想，青春洋溢的我来到了一所农村初中，可是现实太骨感：每日面对着一群到处"作恶"的熊孩子，不是村里的大叔来告状说班里的学生偷摘了他家的橘子，就是班里的小同学哭着告状受到了大个子的欺负。面对无数可能的人生路径，或许是对未来还有些许设想，我曾一度想过逃离。当时出逃的首选是考研究生。我把所有课余时间都花在了考研上，可各种因素迫使我放弃了艰难的考研。

放弃考研后，年轻的我仍然心性未定，整日板着脸，只想装出高深莫测的样子，只想证明"严师出高徒"。

终究，我不幸福。

你还记得吗？终于有一天，班里有同学公开与我作对，当他歇斯底里地喊出"你有什么了不起，你不就为了评个优秀班主任吗"时，我全然怔住了，茫然，不知所措，却也让我彻夜深思……第一次，我发现自己的专业知识如此匮乏，自己的爱心如此浅薄，自己的专业智慧几乎为零，自己的班级管理竟然如此简单粗暴；第一次，我那么迫切地希望自己多读书，读好书；第一次，我站在一个大写的人的高度，去看待每一个孩子；第一次，我揣摩自己的教育是否在追求教育的恒久性价值；第一次，我那么渴望地想给予学生生命中最重要的东西——幸福。

于是，从那一刻起，我才开始让自己努力去成长……

一、静阅写，有站位

"我有多久没有读书了？"我经常问自己。

我开始如饥似渴地阅读，急切地、专注地、有目的地阅读，恶补自己的教育理论知识。我读完了李镇西的《爱心与教育》、万玮的《班

书堆一角

主任兵法》……阅读，点燃了我对教师职业新的激情。

阅读后的写作是一件很幸福的事情。时间不是问题，学科不是问题，职务不是问题，文采不是问题，发表不是问题，素材不是问题。与学生在一起的每一天都是鲜活的。我勉励自己在反思中成长，在成长中前行，在前行中寻找属于自己的教育路径。作为一名班主任，除了教书、读书，专业的写作也应该成为常态。因为写作不仅仅是一种行为，更是一种积极的精神状态。我通过写作对班级管理中出现的问题进行进一步的分析与反思，而思考整理恰能改变教师的行走方式。如，读魏书生的《班主任工作漫谈》，你或许会发现，他的许多做法，我们也在做，甚至做得比他还好，但我们只是做了，而魏书生老师不仅做了，还思考了、总结了、提升了，更有激情了。我想正是因为教育专家们长年的笔耕，他们的教育实践才转化为教育思想，教育特色才转化为教育风格。

我从 2015 年 1 月在《中小学心理健康教育》发表第一篇论文《采撷细节，期盼花开——浙江省心理优质课观摩感悟》开始，至今发表论文 40 余篇。近年来，我又开通了"杨胜丽工作室"微信公众号，与我的网友们交流对话，丰富了精神生活，再次激活我平静的教学生涯。我小心翼翼地给教育涂上快乐的底色，让文字尽情地飞扬，让师生自由地领略教育的风景，我的文章也有了一定的深度，得到了同人们的喜爱。随时随地记录自己的所见、所思、所感、所悟，我不仅仅是在专业上有所成长，更是在记录着我职业的传奇。

二、交高人，有创新

"我和谁在一起？"这是我常问自己的第二个问题。

路边的稻草，那是垃圾；绑在青菜上的稻草，那是青菜的价；绑在大闸蟹上的稻草，那又是大闸蟹的价。这足以说明，我和谁在一起是非常重要的。《荀子·劝学》里写道："蓬生麻中，不扶而直；白沙在涅，与之俱黑。"意思是说，生长在麻地中的草，不须扶持就长得挺直；而与黑泥混合在一起的白沙，则跟黑泥一样黑。人何尝不是如此，有时影响你成为谁的不是你自己，而是和你在一起的那些人。

电影《窈窕淑女》中，赫本饰演的伊莉莎是一个家境贫寒、生活在社会底层的卖花姑娘，整日为生计所困。尽管长得眉清目秀，但低廉的衣服、粗俗的语言，让她看起来很不起眼。结识中产阶级的语言学教授希金斯之后，伊莉莎的人生发生了巨大的改变，她不仅说话变得温文尔雅，还从一个街头的卖花姑娘摇身一变成了名副其实的窈窕淑女。

周周，与身边优秀的同事为友，虚心地向他们请教，你会发现他们个个都身怀"绝技"。细细品味他们独具匠心的教育智慧和方法，也定能收获别样的美丽。

曾经，我读着李镇西老师的书，梦想着有朝一日能与大师见上一面。幸运的是，2019 年 12 月 14 日，在浙江丽水召开的"落实立德树人 创新班主任工作艺术暨李镇西教育思想实践智慧研讨会"上，我做了两个小时的《在慢的境界中追求最好的教育》报告，得到了与会老师们的高度好评。后来，我相继结识了全国知名德育专家涂俊礼老师、湖北省特级教师肖盛怀老师、浙江省特级教师方海东先生等。这些高人教会了我"挑战岗位"，教会了我"重新启航"，教会了我"德育创新"。"慢教育、故事德育"已成为我的德育品牌，包括"体验化、系列化、主题化"的班本活动，"向心而行"的班本评价。

附：

个人兼职：

☆　衢州学院兼职教授

☆　衢州市名师工作室联盟秘书

☆　衢州市中级人民法院兼职调解员

☆　衢州市妇联家庭教育讲师

☆　衢州市 8090 教育宣讲团讲师

个人讲座主题：

1. 班级管理类

《一班一世界，一师一乾坤——疫情背景下学生心灵培育的几点思考》

《用自己的故事做教育——故事化班本德育的实施路径》

《带班亦是博弈——兵法三十六计在班级管理中的运用》

《创新班级活动，助力心灵成长》

《效良医，巧治班》

《让每一颗星星散发光芒——小组合作学习模式的实践》

2. 个人成长类

《教育就是小鸡炖蘑菇——在慢的境界中追求最好的教育》

《做一名有故事的班主任》

《幸福是一种能力——班主任岗位幸福观重建思考》

《优秀班主任成长的三台阶》

《赏课——教师成长的快车道》

3.家校合作类

《我们一起成长——"家长—孩子—教师"三方成长共同体的构建实操》

《怎么听孩子才会说，怎么说孩子才爱听》

4.心理健康类

《正向的力量——焦点解决在班级管理中的运用》

《和解的力量——意象系统对话与曼陀罗绘画整合的实践》

《巧用心理效应，助力班级管理》

5.主题班会类

《一课—得一活动—体验——体验式主题班会的实践》

三、见世面，有慈悲

"我有一颗慈悲的心吗？"这是我常问自己的第三个问题。

2006 年，我的第一届学生圆满毕业了。随后，我连续五年接手初三，傲人的中考成绩带给了我暂时的成就感。

直至后来，我邂逅了谢尔·希尔弗斯坦的一首小诗《总得有人去擦星星》：

总得有人去擦星星，
它们看起来灰蒙蒙。
总得有人去擦星星，
因为那些八哥、海鸥和老鹰，
都抱怨星星又旧又生锈，
想要个新的我们没有。
所以，还是带上水桶和抹布，
总得有人去擦星星。

　　此时的我，已做了母亲，读着这首美丽的小诗，心底那根最柔软的心弦被撩起，内心深处一个强烈的声音告诉自己：我愿做那个擦星星的人。

　　这一刻，强烈的教育使命感让我相信，每个孩子来到这个世界时都有着一颗无比清澈的心，所谓的"问题学生"就是上帝派来考验我们的折了翅的天使，如果能尽我们所能地帮到他们，做他们生命的引航人，那一定是最通透明亮的师爱。而我所能做的，就是关怀备至、深思熟虑、小心翼翼地触及这些年轻的心灵，去唤醒一个个沉睡的灵魂。

　　周周，阅读张晓风的文章《我交给你们一个孩子》，我常想起文章中那沉重而意味深长的发问："今天清晨，我交给你一个欢欣诚实又颖悟的小男孩，多年以后，你将还我一个怎样的青年？"是呀，这句话我一直铭记于心，家长们把孩子交付于我，我将还给他们一个怎样的孩子呢？电影《一代宗师》里宫二小姐说过："习武之人有三个阶段：见自己，见天地，见众生。"其实何止习武之人要经历这三重境界，师者何尝不是如此？

　　见自己。学会正确地认识自己，面对自己，不骄不躁，不卑不亢，不以物喜，不以己悲。

　　见天地。不看大地，永远不知道自己的渺小；不见汪洋，永远不知道自己的肤浅；不见高人，永远不知道自己的不足。

　　见众生。到了这个境界，就可以泰然自若，用最恰当的适合自己的状态，从容地去面对众生。见过自己，知道自己的分量；见过天地，知道自己的卑微。这时再面对众生，才能做到所谓的虚怀若谷，大象无形。

教育，当以慈悲为怀。慈悲是一种爱，是以无我的爱去唤醒学生纯净之爱。我们要让学生看到自身的力量，获得成长的喜悦，也要深深感恩这个孩子，因为是他唤醒了我们内心的慈悲。此时，所有的遗憾，都是成全。

周周，为师之路，就是一场修行。记得去感恩把最珍贵的宝贝送到你手上的家长们，感恩一路上用心栽培你的领导们，感恩帮助与鞭策着你成长的同事们。

因为，成长，永远是我们自己的事……

你的老师：杨胜丽

致　敬

长大后，我就成了你……

　　杨老师，您说，我们是您的"开门"弟子。或许是因为当时我们年龄相差不多的缘故吧，上学时，同学们总是私下里喊您"丽姐"，今天恕徒儿不敬，公开喊您"丽姐"吧。

　　丽姐，重温三年初中生涯，我的心中便涌起了阵阵眷恋之情，不由得回想起了您那甜蜜的笑容，想起了您那温柔的批评，想起了您那细心的指导，想起了您那写过无数粉笔字和批改过无数作业的手，想起了您那热爱教育事业的心……

　　记得，初二上学期的期中考试，我们班退步很大，每门功课都很不理想，为此，同学们一蹶不振，垂头丧气。这样的班级状态令任课老师们很是着急，但您好像并不着急的样子。第二

师生二人合照

周的班会课，是一堂让我终生难忘的班会课。丽姐，您还记得吗？那天，上课时，您看似漫不经心地带着一杯水进班，随手想把杯子放在讲台上。这时，杯子刚好顺着讲台落下，砰的一声，杯子重重地摔在地上，水也洒了一地。"啊！"我们不禁异口同声地尖叫道。正当我们为此惋惜时，您却提了提嗓门严厉地说："请不要再为打翻的水哭泣！"教室里瞬间变得鸦雀无声。"期中考试已经结束，就像这打翻的水，你无论再怎么感到惋惜、心疼，也已经于事无补了，我们下一步应该做的就是要思考如何才能不再打翻这杯水。"短短的几句话后，您让同学们自习，您自个儿收拾残局去了。这堂班会课后，同学们的精神面貌焕然一新。毕业后，当同学们再次聊起这杯"打翻的水"时，我们感动于您的良苦用心。

后来，我上了高中、大学，毕业后，我如愿成了一名初中社政教师。可是，就在报到的那天，我突然觉得自己对即将迈上的三尺讲台感到诚惶诚恐，这时我想到向您"求救"。于是，我们的书信来往开始了，确切地说，是我说出我的困惑，而您总是热心而又专业地解答。

记得，工作的第二年，因为一场误会，家长电话里说马上要到学校来找我质问。既委屈又无助的我，躲在房间里给您打电话。电话那头，您让我冷静下来把事情过程说了一遍之后，您从和家长沟通的语言到举动，手把手细致地教我如何智慧应对。当家长气呼呼地到校后，我按您说的，给家长倒杯热水，请他坐下，用语言共情，果真，误会很快解除了，家长还很不好意思地向我道歉呢。

丽姐，少年时，是您，陪我做了一个"教师梦"；工作后，是您，陪我圆着这个"优师梦"。一路上，因为有您陪伴，我才能很快地成长：区教育先进工作者、区优质课评比第一名、校优秀班主任……这些成绩的取得，离不开您的辛勤栽培。丽姐，谢谢您！

丽姐，长大后，我就成了你，才知道那间教室，放飞的是希望，守巢的是自己；长大后，我就成了你，才知道那块黑板，写下的是真理，擦去的是功利；长大后，我就成了你，才知道那支粉笔，画出的是彩虹，洒下的是泪滴。

丽姐，您说，教育就如种菜，播种、施肥、捉虫，每个环节都要精心对待，每个环节都急不得；您说，每个孩子都是每个家庭中最宝贵的财富，都值得我们用心对待；您说，班级管理要讲艺术，学三国、效良医、善留白；您说，成长永远是我们自己的事，教育是一场修行，能让我们遇见更好的自己；您还说，教育需要我们一起做！……

而我能做的，就是将这些始终铭记在心，努力做一个像您一样的教育的牧羊人——百般热爱，万般虔诚。致敬，我的丽姐，伴随着我成长的好老师！

你的学生：周烨芸

后 记

在慢的境界中追求最好的教育

周周，一个内秀的姑娘，她是我工作后带的第一届学生之一。初中毕业后，我们联系得并不多。直到2014年，她告诉我，她通过了衢州市龙游县的教师招考，即将成为一名光荣的人民教师，电话里，我听得出她梦想成真的兴奋。之后，她请求我能在工作中给予她一些建议与指导。于是，从2014年8月23日起，我和周周一直保持着书信交流。

这些年，与其说，是我陪伴着周周师途一程，倒不如说，是她陪伴着我"慢行"四季。

犹记得，周周还在上初一的那个初冬，因为学生的一次顶撞，我背起背包踏上了北上的列车。到达长春时，已是第二天的下午三点，饥寒交迫中，我邂逅了一道菜：小鸡炖蘑菇。饭店老板告诉我，这道菜从准备到出品共需要三个多小时。至今，我没有去揣测自己是否被忽悠了，但那一刻，有个非常坚定的念头由心生起：教育，何尝不是小鸡炖蘑菇呢？

当天，我踏上了返程的列车，我要回来好好地学做老师，好好地开始我的"慢教育"试验之旅。

慢，是什么？慢，是不忘初心；慢，是遵循规律；慢，是"目中有生"；慢，是陪伴相随。在慢的境界中，构建"教师—学生—家长"三方协同的成长共同体，成就彼此的生命精彩，我想这应该是教育最好的模样吧。

前些天，学校里有个姑娘因职评无望感到很伤心，我顺手写了下面这些话，以示共勉：

别急，慢下来
——写给职评无望后受伤的你

你说
自己努力工作十五年整了
却因学校少得可怜的一级教师指标
职评遥遥无期

你说
自己毫无为师的幸福感
焦躁的你 疲惫的你
令我心疼

姑娘
别急，慢下来
职称不是证明你价值的全部
你的孩子们需要你

后 记

姑娘

别急，慢下来

去享受孩子们心底的纯真

去感受孩子们诚挚的目光

姑娘

别急，慢下来

只有心柔软

教育的世界才会宁静

姑娘

别急，慢下来

请坚信

教育是一种慢，慢向诗一般的远方

的确，教育是一种慢，是一份静待花开的闲适。怀着对教育的无限憧憬和对班主任工作的无比敬畏，拙作《教育，要慢慢来：写给青年班主任的 33 封信》出版了。

感恩全国首届乡村教育家入选者、湖北省特级教师肖盛怀先生，浙江省德育特级教师方海东先生，全国知名德育专家涂俊礼先生等专家的引领，因为你们，我和周周才能更快地成长；感恩杭州钱塘新区金沙湖实验学校廖智勇校长的鼓励，感恩我的好朋友吴建萍、舒丽霞老师的帮助，感恩家人的支持……你们都是我成长道路上的贵人，厚植了我的教育情怀。最最感恩的还是这些年来一直信任我的家长们，你们充满期望的目光，便是我前行道路上永不枯竭的力量源泉。

　　要感谢的人很多，很多，在此，一并谢过。感谢你们，因为你们，这本书才得以问世，尽管书中的思想还不够有远见，内容还不够饱满，文字还不够生动，但它的的确确就是工作在一线的我，与我的学生、我的朋友周周在书信交流中的一些草根的做法与感悟，也与所有青年班主任一同探讨。

　　在慢的境界中追求最好的教育，我和周周一直坚守在路上，"沉醉不知归路"……

　　且行，且慢！

杨胜丽

2022 年 2 月

责任编辑：王　巍　吴嘉莉

装帧设计：巢倩慧

责任校对：华明静

责任印制：汪立峰

图书在版编目（ＣＩＰ）数据

教育，要慢慢来 ： 写给青年班主任的33封信 / 杨胜丽著. -- 杭州 ： 浙江摄影出版社， 2024.7

ISBN 978-7-5514-4864-2

Ⅰ. ①教… Ⅱ. ①杨… Ⅲ. ①班主任工作 Ⅳ. ①G451.6

中国国家版本馆CIP数据核字(2024)第077811号

JIAOYU，YAO MANMAN LAI: XIE GEI QINGNIAN BANZHUREN DE 33 FENG XIN

教育，要慢慢来：写给青年班主任的33封信

杨胜丽　著

全国百佳图书出版单位

浙江摄影出版社出版发行

地址：杭州市环城北路 177 号

邮编：310005

电话：0571-85151082

网址：www.photo.zjcb.com

制版：浙江新华图文制作有限公司

印刷：杭州高腾印务有限公司

开本：710mm×1000mm　　1/16

印张：15

2024 年 7 月第 1 版　　2024 年 7 月第 1 次印刷

ISBN 978-7-5514-4864-2

定价：49.00 元